_____ 님의 소중한 미래를 위해
이 책을 드립니다.

왜 나는
진정한 친구 하나
없는 걸까

왜 나는
진정한 친구 하나
없는 걸까

조은강 지음

관계가 너무
어렵다고 말하기 전에
생각해야 할 것들

**모두가 행복해지는
관계의 철학**

메이트북스

메이트북스 우리는 책이 독자를 위한 것임을 잊지 않는다.
우리는 독자의 꿈을 사랑하고,
그 꿈이 실현될 수 있는 도구를 세상에 내놓는다.

왜 나는 진정한 친구 하나 없는 걸까

초판 1쇄 발행 2019년 6월 17일 | 초판 2쇄 발행 2019년 7월 15일 | 지은이 조은강
펴낸곳 ㈜원앤원콘텐츠그룹 | 펴낸이 강현규·정영훈
책임편집 안정연 | 디자인 최정아
마케팅 이기은·김윤성 | 홍보 이선미·정채훈·정선호
등록번호 제301-2006-001호 | 등록일자 2013년 5월 24일
주소 04778 서울시 성동구 뚝섬로1길 25 서울숲 한라에코밸리 303호 | 전화 (02)2234-7117
팩스 (02)2234-1086 | 홈페이지 www.matebooks.co.kr | 이메일 khg0109@hanmail.net
값 15,000원 | ISBN 979-11-6002-237-7 03190

이 도서의 국립중앙도서관 출판시도서목록(CIP)은 e-CIP홈페이지(http://www.nl.go.kr/ecip)에서
이용하실 수 있습니다.(CIP제어번호 : CIP2019020956)

밖에 나가서 남들을 바꿔놓을 필요는 없다.
우리 자신의 생각들을 조금씩 바꿔 나가다 보면
주위 사람들과의 관계는 자동으로 개선된다.

· 앤드류 매튜스(베스트셀러 작가) ·

관계 맺기에 서툰 그대
그리고 나에게

회사를 그만둔 지 10여 년이 지났다. 매일 출근하지 않아도 되고 누군가를 억지로 만나지 않아도 되는 나날이었다. 시간적으로 자유로웠고, 앞으로는 관계에서 오는 스트레스도 없을 것이라고 생각했다. 그런데 그게 아니었다. 나라는 인간 자체로 살아야 했던 지난 10년이 내겐 관계에 대해 더 많은 것을 배울 수 있었던 시간이었다. 참 많은 변화가 있었다.

원래 나는 관계 맺기에 서툰 사람이었다. 그러한 콤플렉스 때문에 인간관계를 원활하게 하는 데 도움이 될 만한 책이 나오면 계속 사서 읽었다. 끊임없이 다른 사람들의 삶을 기웃거리며 정답을 찾고 싶어했다. 그러면서 조금씩 사회의 물이 들어갔다. 제법 적응해가는 것도 같았다. 그럼에도 마음 깊은 곳에 담겨 있는 생각의 뿌리는 항상 이것이었다.

'다른 사람은 다른 사람이다.'

다른 사람은 절대 나와 '같지 않다'라고 생각했다. 그러다 보니 누구에게나 선을 그었고 차갑다는 소리를 들었다. 결국 나는 글로 배운 만큼 세월과 사람에게서도 배워야 했다.

요즘은 어딜 가든 혼자 있는 사람들이 많다. 혼밥도 잘 하고 혼영, 혼행도 많다. 이것만 보면 다들 독립적이고 관계에 연연해하지 않는 것 같다. 하지만 인터넷 게시판을 보면 '마음을 열 친구가 없어서 외롭다'는 사람들이 넘쳐난다. 사람과 사람 사이의 거리가 너무 멀어진 것이다.

친구가 있지만 어쩌다가 혼밥을 하는 것과 친구가 없어서 혼밥을 할 수밖에 없는 것은 다르지 않을까. 내가 그랬던 것처럼 다른 사람과 친해지는 법은 누구든지 끊임없이 배우고 익혀야만 하는 것인지도 모르겠다.

분명한 것은 세상 모든 사람과 친구가 될 만큼 관계 맺기의 달인이란 있을 수 없다는 것이다.

〈한끼줍쇼〉라는 TV 프로그램을 보라. 나름 유명한 연예인이 인사를 건네도 '당신이 나랑 무슨 상관이냐'는 냉대가 돌아오는 일이 많다. 누구도 관계의 달인이 될 수도, 될 필요도 없다. 우리는 그저 내 인생에 어울리고 나에게 편안한 관계 맺기의 방법만 찾으면 된다.

다행히 지난 10년의 세월 동안 내 안에는 예전과는 다른 확신이 자라났다. 그것은 사람에 대한 믿음과 관계에 대한 희망이다. 나는 더이상 '다른 사람은 다른 사람일 뿐이다'라고 생각하지 않는다. 다른 사람은 나이기도 하다. 내가 때론 스스로에게도 낯선 사람인 것처럼. 입버릇 같았던 '죽고 싶다'는 말도 하지 않게 되었다.

세상에 혼자 왔지만 그 세상에서 많은 사람들을 만나 좋은 추억을 가득 담아가는 것, 이것이 인생이라고 생각한다. 지금은 혼자라고 해도, 외롭다고 해도 그 시간이 영원하지는 않을 것이다. 살다 보면 언제나 새로운 국면이 전개된다. 그리고 알게 될 것이다. 세상의 좋은 것은 다 사람을 통해서 온다는 것을. 마침내 찾게 될 것이다. 남들과 같은 색깔의 관계가 아닌 백만 명 중의 하나인 자신에게 오롯이 편안한 관계를.

나는 관계에 능수능란한 사람이 아니다. 다만 더이상 사람과의 관계 때문에 힘들어하지 않는다. 이 책은 내가 생각하는 이상적인 관계 맺기에 어떻게 도달했는지에 대해 쓴 것이다. 이 책이 불과 어제까지만 해도 외롭고 힘들었을 당신에게 조금이라도 위안이 되었으면 좋겠다.

조은강

Contents

5장

**사람은
사람 때문에
따뜻해져**

사람과 관계를 맺는 일이 힘들다고 느끼는 것은 어쩌면 자연스러운 일이다. 완전히 성숙해지기 전까지 사람은 자신이 누구인지조차 모른다. 그런 상황에서 또 다른 미지의 세계인 '타인'이란 막막하고 두려운 존재일 수밖에 없다. 하지만 모든 일에는 끝이 있고 새로운 시작이 있다. 두려움이라는 오해를 끝내고, 자신의 진짜 모습을 받아들이게 되면 관계 맺기는 새로운 국면을 맞이하게 된다. 다른 사람은 나와 다르지만 또 그렇게 다르진 않다.

1장

나는 왜
관계가
힘들까?

도대체 어떻게 다가가야 하는 거지?

뻣뻣했던 어린 시절의 기억

나에게 첫 사회생활이었던 초등학교 시절에서 제일 먼저 떠오르는 장면은 이것이다.

1학년 미술 시간이었는데 나는 언니가 쓰던 작은 크레파스를 가져왔다. 12색 아니면 많아봐야 20색이었을 것이다 그런데 짝꿍인 아림이는 36색 아니 50색쯤 되는 커다란 3단 크레파스를 꺼내 놓고 그림을 그리고 있었다. 그걸 보며 나는 아림이에게 "저 색깔 좀 빌려줄래?" 혹은 "크레파스 좀 같이 써도 돼?" 같은 말을 건네고 싶었다. 몇몇 색을 빌려 쓴다면 내 그림이 훨씬 예뻐질 것 같았다. 하지만 그 말이 죽어도 입에서 나오지 않았다. 그 애와 나는 아직 제대로 이야기를 나누어 본 적이 없기 때문이었다. 다른 아이들은 소곤거리며 서로의 것을 나누어 쓰는데, 나는 그 애의 크레파스를 흘끔흘끔 보기만 할 뿐이었다. 그리고 내겐 그 순간이 '누군가에게 다가가거나 무언가를 부탁하는 건 너무 어려운 일이다'라는 사실의 표본으로서 뇌리에 남았다.

나는 확실히 관계 맺기에 젬병이었다. 반 아이들이 노래를 부르며 돌다가 선생님이 외치는 숫자에 맞게 모이는 게임을 하면 언제나 혼자 남았다. 누구에게 다가가지도, 누구를 불러오지도 못했다. 엄마가 '사람이 붙임성이 있어야지' 같은 말을 할 때면 먼 외계어처럼 들리곤 했다. 중고등학교에서도 크게 달라지지 않았다. 그때그때 주변의 아이들과 장난을 치거나 우스갯소리를 하긴 했지만 한마디로 내겐 '단짝' 친구가 없었다. 매일 만나야 하고 뭐든지 털어놓는, 그런 친밀한 사이를 만들지 못했다. 친구가 되고 싶은 아이, 마음에 드는 아이가 있어도 어떻게 다가가야 할지 몰랐다.

그래서 그때의 나처럼 학창시절 친구가 없었다는 이들의 말을 들으면 남의 일 같지 않다. 그들도 나처럼 '왜 난 친구가 하나도 없는 거지' 하는 의문을 잠재우기란 쉽지 않았을 것이다. 아이가 자주 당황스럽고 외로운 처지에 놓이면 꾀병과 결석이 늘기도 한다.

물론 누군가 먼저 다가와주면 좋다. 하지만 이 여리고 세심한 아이들의 마음을 잘 헤아리는 또래들은 드물다. 너무 드센 아이, 변덕스러운 아이가 재미삼아 건드려 보는 경우도 많다. 그런 상처가 두려워 웅크리고 있으면 또 주변에는 아무도 남아 있지 않다.

　　그렇다면 학교를 졸업하고 나서는 좀 나아질까. 성인이 되어서도 관계 맺기의 어려움은 계속된다. 이젠 동성 친구뿐만 아니라 이성 친구, 나아가 애인, 인생의 동반자까지 선택해야 하는 과제가 닥쳐온다. 그럼에도 여전히 어떻게 다가갈 것인지, 다가오는 사람은 어떻게 대할 것인지 마땅한 대처법을 알지 못한다. 점점 사람 만나기가 두렵고 가벼운 우울 증세까지 느껴진다. 크레파스를 빌리지 못해 전전긍긍하던 아이도 어느 순간 깨닫게 되었다. 이 세상에 사는 한 이 궁지에서 빠져나갈 수 없음을. 세상은 그야말로 관계의 연속이었다.

　　그러다가 문득 나보다 30년은 일찍 사회생활을 시작했을 아빠의 서재에도 언제나 인간관계에 관한 책들이 가득했었음을 기억해냈다. 아빠는 퇴근 후 그런 책들을 꺼내 열심히 읽곤 했다.

　　'그렇구나. 평생 배워야 하는 것이구나.'

　　그렇게 마음을 다잡으니 오히려 홀가분해졌다. 물론 그 과정이

순탄치는 않았다. 그러다가 관계의 기본이자 힌트 같은 영화를 만났다. 영화 〈바그다드 카페〉, 이 영화에는 미인도, 대단한 배우도 나오지 않는다. 외모도, 성격도 모두가 조금씩은 부족하다. 영화의 배경조차 숨이 턱 막힐 것 같은 사막이다. 카페 주인 브렌다는 특히 무뚝뚝하고 불친절한 여인이다. 그럼에도 우연한 여행자 야스민은 아무렇지도 않게 그녀에게 다가간다. 그리고 그녀들은 자신들의 있는 그대로를 드러내면서 서서히 아름다운 조화를 이루어 간다. 사실 나는 항상 완벽하고 훌륭한 상대가 하늘에서 뚝 떨어져서 부족한 나를 알아서 채워주고 맞추어주길 기대했다. 물론 그것은 대단한 착각이었다.

다른 사람에게 어떻게 다가가느냐고? 그걸 미리 고민하는 자체가 문제였다. 내 마음이 가는 대로 하는 것이 정답이었다. 그때 내가 아림이의 크레파스를 탐냈던(?) 순간은 오히려 나와 아림이가 친해질 수 있었던 절호의 기회가 아니었을까.

관계의 첫걸음은 그저 다가가는 것! 무슨 일이 벌어질지는 그 다음에 생각한다.

혼자여도 괜찮다는 거짓말

그래도 함께인 게 더 좋지 않나?

혼밥, 혼영, 혼행이 요즘은 참 흔하다. 카페나 식당, 극장과 여행지 어디에서나 혼자 즐기는 사람들이 많이 보인다. 내겐 오래전부터 익숙한 일이지만 한편으로는 뜻밖의 광경이다. 이런 건 나처럼 이상한 인간이 어쩔 수 없이 택하는 것들이라고 생각했던 것이다.

그중 내가 가장 먼저 시작한 것은 혼영이었다. 대학에 입학한 지 한두 달 지났을 때였다. 같은 수업을 듣던 다른 과 2년 선배가 강의실을 나오던 나를 붙잡고 노트를 빌려달라고 했다. 그리고 노트를 돌려줘야 하니 내일 모 카페로 나오라고 했다. 별 생각 없이 나는 노트를 건넸고, 다음날 약속한 카페로 나갔다. 그는 내게, 노트는 핑계였고 내가 마음에 드니 사귀었으면 좋겠다고 했다. 그럴 마음이 전혀 없던 나는 깜짝 놀라서 말했다.

"전 싫은데요."

"네? 내가 왜 싫어요?"

그는 내게 화를 냈다. 사귀고 싶다던 여학생에게 금방 화를 낼 정도로 관계에 서툰 사람이었다. 나는 황급히 자리를 떴다. 그리고 혼자 강남역의 한 극장으로 들어갔다. 하필이면 다니던 대학을 배경으로 한 영화가 시작되었다. 영화 속 다혜와 민우의 기구한 운명에 공감하며 눈물을 닦고 밖으로 나오니 어느덧 저녁이었다. 기분은 좀 나아졌다. 얼떨결에 혼자 영화를 보는 '대단한' 일도 해냈다. 하지만 나는 이 용감한 혼영에 대해서 누구에게도 이야기하지 못했다. 내가 생각해도 그런 날에는 혼영보다는 친구를 불러내 하소연을 하는 것이 더 자연스러운 일이었기 때문이다

급작스럽게 시작한 혼영에 비해 혼밥은 직장을 다니고도 한참 뒤에 시작되었다. 그만큼 혼밥은 부담스러운 일이었다. 그랬던 내가 어느 날부터인가 깜찍한 거짓말을 하기 시작했다. '약속이 있

어서……' '다른 볼일이 있어서……' 그래놓고는 좀 외진 곳에 있는 식당에서 혼자 밥을 먹었다. 밝은 조명 아래 뭇 시선을 받는 일은 결코 편치 않았다. 그러나 같은 부서 사람들과 매일 같은 식당에 가는 일은 더 힘들었다. 나는 관계의 불편함 대신 혼자 있는 긴장감을 택했던 것이다.

그리고 마침내 혼자 하는 일의 클라이맥스라고 할 수 있는 혼행을 하게 되었다. 프라하로 떠난 것은 완벽한 혼행이었다. 비행기와 호텔을 예약한 후 8월 말의 어느 날 밤 프라하 공항에 혼자 내렸다. 5박 6일간 나는 내가 가고 싶은 곳, 내가 먹고 싶은 것, 내가 하고 싶은 것에 충실할 계획이었다.

그런데 피하지 못한 실수가 있었다. 다음날 아침 일찍 나는 호텔 근처의 역에서 트램을 타고 시내로 갈 생각이었다. 그런데 매표기가 작동을 하지 않았다. 이때 동반자가 있었다면 '뭐야? 이거 고장인가봐! 다른 데로 가자' 했을 것이다. 혼자였던 나는 맹목적으로 매달려서 계속 동전을 넣으려고 애를 썼다. 그렇게 한 시간을 허비했다. 결국 포기하고 그곳을 떠날 결심을 하고 나서야 모든 것이 눈에 들어왔다. 그 매표기가 완전히 녹슬고 버려진 기계임이, 한 시간 동안 트램이 이곳에 한 번도 정차하지 않았음이, 결국 그 역은 오래전에 폐쇄된 역임이. 물론 나 이외의 여행자도 보이지 않았다. 혼자만의 세계에 갇혀 있는 사람은 이렇게 시야가 좁고 판단력이 떨어질 수 있다. 소름이 끼쳤다. 그날의 일은 혼자서도 잘할 수 있다던 내 자만심에 제동을 걸었다. 인간은 혼자라는 이유만으로 완벽하게 불완전할 수 있다.

물론 혼밥이나 혼영, 혼행에는 나름의 매력이 있다. 하지만 이런 선택은 정말 혼자가 좋아서일까, 아니면 내가 그랬듯 관계 맺기에 대한 스트레스와 부담감에 어쩔 수 없는 것이었을까.

자청해서 혼밥을 하던 나도 이게 대체 뭐하는 짓인가, 수도 없이 생각했다. 오죽하면 재벌가 자제가 같이 밥 먹어주는 비서를 채용했겠는가. 혼밥을 죽어도 못하겠다는 사람도 이해하기 어렵지만 주구장창 혼자서 식당가를 떠도는 모습도 을씨년스럽다. 시간이 없어서, 상대를 기다리기 싫어서, 대화가 불편해서, 내 취향대로 먹고 싶어서, 더치페이가 귀찮아서 등등 이유는 많지만 혼밥이 항상 좋기만 한 것은 아니다.

혼밥하는 모습을 셀카로 찍어 SNS에 올렸을 때 모두가 '좋아요'만 누르는 것도 이상하다. 아무도 '너 왜 혼자 밥 먹었니?'라고 묻지 않는다. 그가 정말 혼자이고 싶었다면 그런 걸 SNS에 올리지 않았을 텐데 누구도 더 깊은 이유에 관심을 두지 않는다.

현대인은 더이상 외로워해서는 안 되고, 혼자서도 강한 척해야만 '세련된 개인'으로 인정받는 모양이다. 그러나 괜찮은 표정으로 괜찮다고 하는 말이 사실은 괜찮지 않을 수 있다. 일주일까지는 괜찮았는데, 8일째 혼자 먹는 것이 너무 속상할 수도 있다. 그런 이들의 마음을 한 번 더 들여다봐줄 수 있는 여유를 가졌으면 한다.

 혼자 있는 시간도 좋다. 하지만 좋은 사람과 함께인 것이 훨씬 더 좋다.

그렇게 튀지 않아도 괜찮아

관종이라고 부르고 싶진 않지만

어떤 모임에 가든 꼭 보이는 캐릭터가 있다. 나는 이런 게 좋아, 나는 이런 게 싫어, 난 좀 다르게 생각해……. 누가 묻지도 않았는데 자신의 취향을 먼저 늘어놓고 일일이 까다롭게 구는 사람. 그 사람은 이것이 그저 자신의 개성이 강하고 솔직하기 때문이라고 주장한다. 하지만 과연 그럴까.

나는 3자매 중 막내로 자랐다. 큰언니와는 여섯 살 차이, 작은언니와는 두 살 차이가 났다. 사춘기를 지나면서부터 우리 셋은 가장 가깝게 지낸 여성 동지였다. 엄마나 아빠에게 야단맞은 후 위로도 해주었고 서로를 지켜보며 장점과 단점을 배우기도 했다. 이런 환경이 본능적으로 내게 영향을 끼친 것은 '어쨌든 서로 달라야 한다'는 의식이었다. 한 공간에 비슷한 존재가 여럿 있을 필요는 없다는 믿음이었다. 그 점에 대해서는 막내인 내가 유난히 예민했다.

특히 두 살 터울인 작은언니와는 취향이 정말 달랐고, 그래서 다행이라고 생각했다. 만약 언니들과 내가 같아진다면 '후발 주자'인 나라는 존재의 역할이 소멸되는 것처럼 느꼈다. 그런 '소멸에 대한 공포' 같은 의식 때문에 나는 일찍이 누구라도 남의 취향을 따라하는 것에 대한 거부감이 컸다. 미술 시간에 어떤 아이가 내 그림과 비슷하게 그리면 짜증이 났다. 누군가 내가 입은 옷이 예쁘다며 어디 가면 똑같은 것을 살 수 있느냐고 물으면 경직되어 아무 말도 못했다.

그런데 여성들의 모임이나 그룹에서는 누군가 뭔가를 제안하거나 소개하면 다른 이들이 그것에 동조하며 따라한다. 같은 화장품을 쓰고, 비슷한 옷을 사고, 같은 영화를 보고……. 그런 것이 내겐 용납하기 어려운 일이었다. 분명히 좋아 보여도 '난 내 개성을 지켜야 해!' 하며 다른 선택을 했다. 글 첫머리에 쓴 '난 좀 달라' 하는 식의 태도가 내게도 있었다.

그런데 언제였던가. 내가 어떤 모임의 총무라는 것이 되어 무언가를 주도해야 했을 때일 것이다. 내가 진행하는 일에 동조는커녕 사사건건 딴죽을 걸고 개인의 의지를 단체의 결정에 개입시키려는 시도를 겪게 된 것이다. 물론 그 사람은 참 특출한 개성이 있었고 그것을 주장할 권리가 있었다. 하지만 때와 장소를 가려야 했다. 그리고 그때 나는 남의 선택에 조용히 따라줄 수도 있는 것이 진정한 배려라는 것을 깨달았다. 그렇지 않았던 내가 얼마나 한심했는지 그 사람을 통해 보았고 많이 부끄러웠다.

요즘도 예전의 나 같은 사람을 종종 볼 수 있다. 모두가 '예'라고 할 때 혼자 '아니'라고 하는 사람, 단톡방에서 한마디도 하지 않고 있다가 의견이 한 방향으로 조율되었을 즈음에서야 느닷없이 '반대'하는 사람, 그저 '다름'을 위해 '다름'을 추구하는 사람들, 그들의 내면이 내게는 그리 낯설지 않다. 그들은 이렇게라도 하지 않으면 자신의 존재감을 확인할 수 없다고 믿는 것이다. '나 여기 있어요!'라고 외치고 싶은 것이다. 이젠 이런 사람들에 대해서는 화가 나기보다 안쓰럽다.

사실 사람에게 호감을 일으키기는 참 쉽다. 그중 가장 간단한 것이 거울효과Mirroring Effect다. 앞에서 예를 들었던 여성들의 모임에서처럼, 대화를 할 때 상대방의 표정이나 행동을 그대로 따라하는 것이다. 더 간단하게는, 상대가 웃으면 웃고, 상대가 잔을 들면 같이 드는 것이다. 소개팅을 할 때 상대가 나를 마음에 들어 하는지 그렇지 않은지 궁금하다면 그가 내 행동을 따라하는지 하지 않는지 살펴보면 된다.

  이 '따라하기'가 왜 호감의 증거일까. 아기는 태어나서 처음 만난 사람인 엄마의 모든 것을 따라하며 세상을 배운다. '따라하기'는 상대에 대한 절대적인 신뢰를 의미한다. 앞의 사람과 함께 웃고 같은 타이밍에 차를 홀짝거리고 있으면 둘은 편안한 리듬을 함께 타게 된다. '이 사람이 나에게 적대적이지 않다'는 것을 느끼게 된다. 그리고 이러한 감정은 어느 정도 시간이 지난 후 알아차리게 된다. 이것은 누구나 다른 사람과 함께 있었을 때의 느낌을 무의식에 기록하기 때문이다.

  이것을 『셰익스피어에게 묻다』의 저자 조지 와인버그는 '잔존효과'라고 일컫는다. 몸이 기억하는 그 '잔존효과'가 상대에 대한 평가를 결정짓는다. 그 어떤 매력보다 편안함이 관계에서 중요한 요인이 되는 이유이기도 하다.

남과 달라야겠다는 고집을 다 버리라는 것은 아니다. 다만 상황이 요구하면 남의 의견도 받아들이고 기꺼이 다른 사람들의 취향에도 따를 수 있어야 한다. 정말 유익한 관계에서는 '튀는 것'보다 '자연스럽게 섞이는 것'이 훨씬 좋기 때문이다.

 그저 숨만 쉬고 있어도 당신은 남과 달라요. 걱정하지 말아요.

미소를 글로 배웠어

미소는 열 마디 말을 한다

대학 때 같은 과 친구들은 종종 내게 이런 말을 했다.

"넌 웃을 때가 더 예뻐."

늘 인상을 쓰고 있던 아이가 모처럼 웃음을 터뜨린 것이 그들 눈에는 기특했던 것이다. 그런데 그 말을 듣고 나면 이런 생각을 했다. 그래, 안 웃으면 못생겨 보인다는 뜻이지? 그런 거지? 그렇다고 내가 웃을 것 같아? 그리고 나는 곧바로 웃음을 거두었다. 참 심술궂지 않은가. 실제로 내가 웃는 순간은 그리 많지 않았다. 미소를 보이면 상대에게 아부하는 것이라고 생각하던 시절이었다.

친구들이 저런 말을 할수록 나는 보란 듯이 웃지 않았다. 지금 생각하면 어이없지만, 그랬었다.

그랬던 나의 사고를 확 바꿔준 책이 있었다. 미츠오 도오루라는 일본 치과의사가 쓴 『여자의 미소가 운명을 결정한다』라는 책이다.

이 책은 미소가 사람의 이미지와 사람 사이의 관계를 어떻게 바꾸어주는지 그 놀라운 힘을 알려주는 책이다. 책을 펼치면 책날개 속의 저자가 활짝 웃고 있다. 그것은 마치 '봤지? 이렇게 웃는 거야'라고 가르쳐주는 것 같다.

저자는 그냥 웃는 게 중요한 것이 아니고 입 꼬리를 위로 올리며 웃어야 한다고 주장한다. 입 꼬리를 '올리고 안 올리고'의 차이는 케네디와 닉슨의 얼굴을 비교해보면 알 수 있다. 케네디의 웃는 모습은 정말 환하다. 입 꼬리도 정확히 올라가 있다. 그런데 닉슨은 웃는 얼굴이 확실히 애매하다. 입을 좌우로 벌리기만 했다. 둘은 1960년 대선에서 맞붙었고 케네디가 승리한다. 단순히 웃는 모습의 차이가 승부를 결정지었다고는 볼 수 없지만 지금 보아도 케네디의 웃는 얼굴이 훨씬 매력적임을 부인할 수는 없을 것이다.

저자는 이것을 '스마일 파워'라고 부른다. 멋지게 웃는 얼굴은 인간관계를 원활하게 만드는 마법이라는 것이다. 큰 인기를 끈 연예인들의 웃는 모습도 예사롭지 않다. 그것이 우연이라고는 생각하지 않는다. 열심히 거울을 보고 훈련한 결과일 것이다.

알폰스 데켄이라는 독일 교수는 같은 책에서 웃는 얼굴에는 4개의 철학이 있다고 설명하고 있다. 첫째는 건강을 위한 스마일, 둘째는 배려와 사랑의 표현으로서의 스마일, 셋째는 일상적인 커뮤니케이션으로서의 스마일, 넷째는 '그럼에도 불구하고'의 스마일이 그것이다.

마지막의 '그럼에도 불구하고'의 스마일은 어떤 괴로운 상황에서도 웃을 수 있어야 함을 의미한다. 궁지에 몰려 난처한 상황에서도 미소 지을 수 있는 여유를 가진 사람은 얼마나 성숙한 인격이겠는가. 조금만 힘들어도 얼굴에서 불만을 표현하는 사람과는 확실히 다를 것이다.

이 책을 읽은 후에야 나는 웃지 않고 버티었던 내 인생을 반성했다. 결국 나는 책 속의 저자가 시키는 대로 거울을 보며 연습했다. 하지만 닉슨처럼 입이 좌우로만 벌려졌다. 특히 사진을 찍을 때의 어정쩡한 표정이란……. 이런 때 저자가 준 팁은 '치즈'라고 말하는 대신 '위스키'라고 말하기였다. '치즈'는 '으' 발음으로 끝

나면서 입 모양이 어색해진다. 반면 '위스키'는 '이' 발음을 유지할
수 있다.

물론 지금이라고 내가 잘 웃는 것은 아니다. 하지만 웃는 얼굴
은 다른 사람뿐만 아니라 자신에게도 긴장과 불안을 풀어주는 놀
라운 힘을 가지고 있음을 잘 알고 있다.

아침에 일어났을 때 뭔가 의욕이 없고 피곤한가? 그렇다면 일
단 입꼬리를 올리며 웃어보라. 기분이 절로 좋아진다. 누가 보면
'미쳤구나' 하겠지만 긍정적인 전염성도 있다. 남편이 피곤해할
때 나는 입꼬리를 한껏 올린 웃는 얼굴을 들이민다. 남편은 '왜 그
래? 무슨 일이야?' 하며 당황해하다가도 결국 나를 따라 웃고 만
다. 낯선 빌딩에 들어가서도 경비원 아저씨에게 먼저 미소를 지어
보이면 확실히 응대가 달라진다. 그밖에도 뭔가 긴장되는 일이 있
을 때에도 미리 웃고 시작하면 긴장과 불안이 누그러진다. 우리는
흔히 서비스업에 종사하는 사람에게만 미소를 기대하고 또 강요
한다. 하지만 남에게 요구하기 전에 내가 먼저 웃어보자. 내 기분
이 좋아지는 것은 물론 덩달아 다른 사람들에게도 편안하고 선량
한 이미지를 전달할 수 있다.

이 책은 절판되어 지금은 구할 수 없다. 하지만 어느 책이든 미

소의 중요성을 다룬 책이 있다면 꼭 한번 읽어보길 바란다. 비록 글로 배우더라도 삶의 모든 관계에 적지 않은 변화를 일으켜주는 것이 미소의 힘이다.

미소는 마음의 기지개! 기지개를 켜고 나면 새로운 시간이 시작된다.

날 귀찮아하는 건 아닐까?

'1'이 사라지지 않는다

상대방이 '귀찮아!'라는 말을 하지도 않았는데 그런 느낌을 받을 때가 있다. 전화를 오래도록 받지 않을 때, 부재중 전화에 답을 하지 않을 때, 카톡을 보지 않아 1이 계속 사라지지 않을 때……. 그런 때엔 불쑥 상대가 날 반기지 않는구나, 귀찮아하는구나 하는 의심이 든다. 마음이 가라앉는다. 애인도 아닌데 뺑 차인 느낌 때문에 표정관리가 어렵다. 이것이 업무나 비즈니스 연락이면 나는 정당하게 불쾌감을 표출할 수도 있다. 하지만 사적인 관계에서는 누구도 갑이 아니고, 누구도 을이 아니다. 상대방의 재량에 맡겨야 하니 더 어렵다.

휴대전화나 SNS 때문에 연락은 정말 용이해졌지만 그만큼 관계에서의 피로도가 높아진 것도 사실이다. 소심하고 예민한 사람에게는 정말 난감한 상황이다. 어떻게 용기 내서 한 연락인데. 제발 나를 귀찮아하지 말아달라고 애원하고 싶다. 물론 제정신에 이런 말을 할 수는 없다.

"그냥 좀 바빴어요."

"알람을 꺼놔서, 미안!"

대부분은 이런 반응으로 끝이다. 그나마 반응이 오면 다행이지만 아닌 경우도 있다. 오래전 나의 부재중 전화에 답을 하지 않은 A와는 그날 이후로 연락이 끊겼다. 서로 알고 지낸 지가 몇 년인데…… 싸운 적도 없었는데…… 이제 그녀와는 길을 가다 만난다 해도 아는 척을 못할 것 같다. 자세한 사정은 모르겠지만 어쨌거나 A가 나의 연락을 귀찮아했던 것이 사실 같아 내게는 상처로 남아 있다.

'귀찮아하는 감정'이 우리에게 불편한 것은 그것이 결국 거절이나 부정적인 감정의 시작이기 때문이다. 연애가 막 시작되었을 때엔 상대의 연락이 귀찮을 리가 없다. 연락이 오기도 전에 휴대전화를 들여다보고 있을 것이다. 그런데 상대가 보낸 카톡, 상대가 하는 안부전화가 귀찮아졌다는 것은 더이상 상대가 반갑거나 궁금하지 않다는 것이다. 뻔하고 지겹고 식상해서 대꾸도 하고 싶지 않은 것, 그것이 관계에서의 귀찮음이다.

사람들은 자신이 상대를 귀찮아할 때엔 당당하다. 한번 쓱 휴대전화를 보고는 덮어버린다. 하지만 상대가 나를 귀찮아하는 걸 눈치 채는 순간 상처를 받는다. 그렇다고 내가 뭘 잘못했느냐고, 나한테 왜 그러는 거냐고 따져 묻지는 못한다. 동공지진만 일으키다가 쓱 주저앉아버리게 된다.

그러면 상대가 날 귀찮아하는 조짐을 보일 때 우리는 어떤 마음을 가져야 할까.

첫째, 귀찮음은 아직 적대감이 아니라는 것을 잊지 말자.

즉 부정적인 감정의 시작일 뿐 절정은 아니다. 솔직히 서로 싸운 것도 아니지 않은가. 다만 좋지 않은 타이밍에 연락을 꾀한 것뿐이다. 남친과 싸우고 있는데, 지갑을 잃어버려 황망한데, 상사에게 야단맞은 후 창피해서 어딘가 숨어버리고 싶은데 이모티콘과 함께 날아온 천진난만한 메시지에 대꾸하기는 쉽지 않다. 그러니 너무 빨리 관계를 포기하지 않았으면 한다. 상대에게 한 템포의 여유를 주도록 하자. 나는 A에게 그렇게 하지 못했지만 며칠 뒤 다시 연락해본다면 상대도 다른 태도를 보일지 모른다.

둘째, 대화의 질에 대해 돌아보았으면 한다.

아무리 편한 사이라고 해도 알맹이 없이 반복되는 하소연, 불평, 험담, 자랑은 사람을 지치게 한다. 휴대전화에 번호만 떠도 '또?' 하며 한숨짓게 되는 것이다. 너무 쉽게 질문이나 부탁을 남발하지 않도록 하자. 아울러 단톡방에 '좋은 글'이라며 화려한 메시지를 올리는 것도 자제했으면 한다. 대부분의 '좋은 글'은 그저 '정체 모를 진부한 글'이니까 말이다.

셋째, 그래도 상대와의 관계를 계속 지켜가고 싶으면 잦은 연락보다 기도를 해주도록 한다.

기도는 일종의 긍정적인 텔레파시를 보내는 것이라고 생각하면 쉽다. 사실 전화나 카톡은 상대에게 관심을 요구하는 일이다. '내가 너에게 관심을 보이고 있으니 너도 보여봐.' 어찌 보면 강요다. 상대는 경황이 없을 수도 있다. 일방적인 연락 대신 나의 선한 마음을 보내보자. 이게 무슨 의미가 있느냐고? 분명히 있다. 그 사람은 바쁜 와중에 문득 '어? 왜 갑자기 B가 생각나지? 잘 지내나?' 궁금해진다. 서로 연락을 하지 않더라도 그런 배려가 있으면 관계는 단절되지 않는다. 이렇게 진심을 챙기는데 어떻게 관계가 끊어지겠는가. 어쨌거나 100% 좋게만 유지되는 관계는 없다.

그럼에도 불구하고, 나를 귀찮아하는 사람이 없었으면 좋겠고, 내가 귀찮아서 인상 찌푸릴 사람도 없었으면 좋겠다. 이왕이면 언제나 서로 반가울 타이밍에 연락하게 되었으면, 그리고 만나게 되었으면……좋겠다.

카톡을 보낸 건 나의 선택, 안 읽거나 씹는 것은 상대방의 선택.

썸은 제발
그만 타시게나

자, 이젠 본론으로 들어갈 시간

연애를 어려워하는 사람들이 은근히 많다. 아예 기피하는 경우도 적지 않다. 온라인으로 또는 오프라인으로 이성을 만날 수 있는 방법이 훨씬 다양해졌음에도 아이러니하다. 40대인데 모태솔로라고 스스로 고백하는 사람도 보았다. 세상에, 요즘 같은 세상에 모태솔로라니. 그런데 우리 사회가 그럴 만한 환경이기도 했다.

경제적으로 어렵기 때문이라고도 하고 정신적으로 여유가 없기 때문이라고도 한다. 하지만 나는 이 상황의 원흉으로 '썸에 만족하는 경향'을 지목하고 싶다. 언제부터인가 사람들은 적당히 썸만 타고 있다. '썸'의 사전적 의미는 "사귀기 전의 미묘한 관계"다. 사귀면 사귀는 것이고 아니면 아닌 것이지, 미묘한 관계라니! 개인적으로 나는 썸이라는 관계를 신뢰하지 않는다. 이건 그냥 어장 관리의 영어 버전이고 결정 장애의 데이트 버전일 뿐이다. 만나면 좋고 설레지만 아직 속마음을 모른다? 고백하고 물어보면 되는데 그것까진 하기 싫다는 것이다. 거기에서 한 발 더 나아가 서로에게 책임감을 느껴야만 연애가 시작되는 것인데, 책임지기 싫다는 것이다. 결국 확답도 없고 미래도 없다. 시작도 없고 끝도 없다. 어정쩡하고 불확실한 감정뿐이다. 계속 연기만 피우고 불은 때지 않는다. 시간이 지나면 결국 아무것도 아닌 것이 된다. 그럼에도 썸을 연애로 착각하기 때문에 남자든 여자든 시간만 낭비하고 오해가 쌓여가게 되는 것이다.

〈플립Flipped〉이라는 영화가 있다(여기에서 flipped는 '홀딱 반하다'라는 뜻으로 쓰였다). 마을에 새로 이사 온 소년 브라이스와 그에게 첫눈에 반한 앞집 소녀 줄리의 이야기다. 줄리는 브라이스에게 바로 대쉬하지만 브라이스는 막무가내인 그녀가 영 불편하기만 하다. 그러나 줄리를 오래 지켜본 브라이스의 할아버지는 그녀

에게서 남다른 근성과 영민함을 발견하고 브라이스에게 이런 이
야기를 들려준다.

"어떤 사람은 평범한in flat 사람을 만나고, 어떤 사람은 잘난in satin
사람을 만나고, 어떤 사람은 제법 그럴싸한in gloss 사람을 만나지.
하지만 누구나 일생에 한 번은 무지개처럼 찬란한iridescent 사람을
만나는 법이야. 그런 사람은 아무와도 비교할 수가 없단다."

앞에 나열된 평범한 사람, 잘난 사람, 제법 그럴싸한 사람은 결
국 썸에 그치는 사람이다. 하지만 진짜배기는 무지개처럼 찬란해
서 홀딱 반하게 된다는 뜻이다. 그리고 할아버지의 말대로 브라이
스와 줄리 둘은 서로에게 '무지개처럼 찬란한 사람'인 것으로 해
피엔딩이다. 사랑은 이런 것이다. 예뻐서, 돈이 많아서, 조건이 좋
아서가 아니다. 나에게 특별한 사람이라서 신비롭게 빛나는 것이
다. 이런 사람을 만난다면 홀딱 반해서 넘어가지 않을 수 없다. 그
렇지 않겠는가. 그런데 그저 만나다 보니 적당히 좋은 것 같기도
하고 아닌 것 같기도 하다는 건……'그냥 그런 사이'라는 뜻이다.
사랑의 감수성이 있다면 용납할 수 없는 관계다.

"하지만 푹 빠질 만한 사람이 없는 걸 어떻게 해요?"

볼멘소리가 들리는 것 같다. 그러니까 더 촉을 살려서, 더 자주,

더 많은 사람을 만나야 한다. 특히 여성이 소극적인 자세로 기다리고만 있는 것은 위험하다. 여성이 소극적이고 내성적이면 나쁜 남자가 접근해오기 쉽다. 거절하는 것도 마음이 독해야 하는데 소극적인 여성에겐 이것이 어렵다.

예쁜 여성인데 나쁜 남자와 잘못 엮이는 경우를 종종 본다. 예쁜 여성일수록 더 빨리 나쁜 남자의 눈에 띄기 때문이다. 이럴 바엔 차라리 여성이 먼저 괜찮은 남성에게 다가가는 것이 낫다. 그 방법에 대해서는 나중에 더 상세히 언급하겠지만 절대로 방에 혼자 틀어박힌 채 내 인연은 어디에 있을까 기다리고만 있지 않았으면 좋겠다.

내가 무지개처럼 찬란한 사람이 되든가, 그런 사람을 열심히 찾아내든가.

 나에겐 당신이 무지개처럼 찬란한 사람! 이리 오시오! 냉큼 오시오!

_____

이따금 매력적인 사람을 발견하면 기분이 좋아진다. 그들은 독특하다기보다
어떤 비슷한 면을 공유하고 있다. 편안하고, 선량하고, 유쾌하다. 대개가 그러
하다. 마치 5월의 태양처럼 밝고 따스하다. 그들은 내 안에서 가장 좋은 성격
과 가장 예쁜 표정을 끄집어내준다. 그런 사람들을 선망만 하며 바라볼 필요
는 없다. 당신 안에도 작은 태양은 있다. 그것을 서서히 키워나가면 된다. 당
신도 그처럼 멋진 태양이 되어 주변을 따뜻하게 비추게 될 것이다.

2장

좋은 사람에겐
이유가 있어

첫 직장에서 배운 것들

날것이던 나를 일깨워준 곳

"안녕하세요? 처음 뵙겠습니다!"

주위를 둘러싸고 선 사람들에게 나는 인사를 했다. 대학 졸업 후 비디오 프로덕션의 카피라이터로서 첫 출근을 했을 때다. 그렇게 인사를 하며 주변을 둘러보았을 때 느껴진 이질감을 나는 아직도 잊지 못한다. 단순히 나이가 달라서는 아니었다. 전혀 다른 인생을 살아온 사람들을 한 공간에서 처음 만난 것이다. 이것이 진짜 사회였다. 또래만 바글바글했던 대학과는 비교가 안 되었다. 그 작은 회사가 디자인, 영업, 총무, 기획 등 다양한 파트로 쪼개져 있었는데 파트 이름처럼 사람들의 인상도 제각각이었다. 그 다양한 사람들

속에 홀로 던져진 나는 설렘과 긴장감으로 정신이 멍해질 지경이었다. 그리고 바로 다음날부터 내 이름 앞으로 일이 쌓여갔다.

"카피 언제까지 줄 수 있어요?"

"회의 할 테니 빨리 와요."

"줄거리가 너무 길어요. 더 줄여주세요."

"신문 스크랩은 매일 하고 있는 거죠?"

회사라는 조직은 내가 과거에 어떻게 살아왔는지, 또 어떤 성격의 사람인지 전혀 개의치 않았다. 나는 그저 단독으로 카피라이터의 임무를 수행해야 하는 '기능적 존재'였다. 감정적으로 힘든 날에도 내게 주어진 일을 당연하게 요구받았다. 이러저러한 스트레스를 남자친구에게 토로하면 그는 무조건 내가 참고 견뎌내야 한다고 했다. 맞는 말인데 그게 쉽지는 않았다. 특히 불편했던 것은 디자인 팀의 이런 요구였다.

"요즘 유행하는 카피처럼 쓸 수 없어요?"

예를 들면 TV에 나오는 냉장고 광고 카피나 아이스크림 광고 카피를 패러디해서 우리 회사 제품 카피로 써달라는 것이었다. 그리고 꼭 이런 말이 따라붙었다.

"전에 일했던 카피라이터는 그런 거 잘했는데······."

얼굴도 모르는 전임 카피라이터는 그들 기준에서 보면 능력 있는 여자였다. 나는 나만의 글, 나만의 창작을 선보이는 것이 능력이라고 생각했는데 그들은 그렇지 않았다. 그들은 '다른 카피를 카피한 카피'를 원했다. 사실 그것이 내겐 가장 힘들고 서운한 일이었다.

회사에 들어가면 무조건 1년은 다녀야 경력이 인정된다고 들었다. 그래서 나는 1년을 버티었고 1년이 지난 어느 태양이 눈부시게 빛나던 날 갑자기 사표를 낸 후 집으로 돌아왔다. 무슨 일이 있었느냐고 묻는 사람도 없었고, 이후 잘 지내느냐고 묻는 전화도 없었다. 지금도 기억나는 그 많은 얼굴들이 하루아침에 내 인생에서 사라졌다. 나의 첫 직장은 한동안 실패의 흔적처럼 느껴졌다.

그런데 세월이 흐르면서 나의 첫 직장은 내게 좀 다른 의미로 다가오기 시작했다. 아무것도 모르던 사회초년생에게는 그곳이 참 과분한 곳이었다는 것을 깨달은 것이다.

우선 나는 상업적인 글쓰기를 배울 수 있었다. 카피는 소설도, 에세이도 아니다. 그야말로 팔리는 글이어야 한다. 다른 카피를 표절하는 방식은 좋은 것이 아니었지만 나는 그들이 말하고자 했던 의도를 이해했어야 했다. 어차피 글에 대해서는 백지 상태였던 주제에 자존심 상했다며 발끈하는 대신, 주목받을 수 있는 글을 좀

더 연구했더라면 어땠을까.

무엇보다 내가 감사해야 할 것은, 나처럼 비사교적이고 자기 세계에 빠져 있던 인간이 무려 1년이나 근무할 수 있게끔 여러 모로 배려를 받았다는 것이다. 사당역에서 양재동 회사까지 카풀을 해준 동료라든지, 기사용 인터뷰를 위해 외근할 때마다 동행해준 선배라든지……. 너무 자연스러운 배려라서 그때는 고마운 줄도 몰랐다. 정말 몰랐다. 아무도 배려해주지 않았다면 3개월도 버틸 수 없는 것이 직장생활이라는 것을.

그 이후로도 나는 입사와 퇴사를 반복했다. 모든 회사가 제각각의 이유로 불완전했다. 나는 훨씬 더 불완전했다. 그럴수록 첫 직장에서의 1년이 불가사의했다. 내 인생 최고로 어설프고 서툴렀을 나……. 그런 내가 회사를 견디었던 걸까, 회사가 나를 참아준 걸까. 가끔은 그때의 사람들이 못 견디게 보고 싶다.

> 첫 직장은 탈의실이다. 그곳을 나오는 순간 우리는 사회적 인간으로 변모한다.

일 때문에
180도 바뀐 성격

낯가리던 자아에서 다가가는 자아로

최근 한 독서모임에서 이런 말을 한 적이 있었다.

"제가 예전에는 낯도 가리고 아주 내성적이었거든요……."

그 말을 마치자마자 여기저기서 '네? 그럴 리가요?' 하는 반응이 튀어나왔다. 모두 못 믿겠다는 표정으로 나를 바라보았다. 그 순간 더 놀란 사람은 바로 나였다. 그래도 조금은 수줍음이 남아 있었을 것이라고 생각했는데, 그게 아니었나? 이 공간에서 그 동안 내가 너무 뻔뻔하게 나댔던 건가? 하지만 한편으로는 다행이다 싶었다. 나도 결국 달라졌구나. 마침내 변했구나.

어릴 적에는 누군가에게 먼저 무언가를 제안하는 것이 가장 힘든 일이었다. 엄마에게도 무엇이든 졸라본 적이 없었다. 언제나 상대가 이야기를 꺼낼 때까지 기다렸다. 사회에 나가서도 마찬가지였다. 꼭 필요한 일 이외에는 나서기를 꺼렸다. 두 번째 들어간 회사에서의 업무도 카피라이터였는데 인간관계의 스킬이 딱히 필요치 않았다. 일이 힘들다 해도 그저 촉박한 마감 때문이었지, 사람 때문은 아니었다.

그랬던 내가 천지개벽 같은 변화를 겪게 되었다. 다니던 회사의 부도로 직장을 다시 옮기면서부터였다. 출판사의 홍보담당을 맡게 된 것이다. 나는 2, 3일이면 한 권씩 나오는 책을 언론사에 소개해야 했다. 이 일은 시작과 끝이 전화 통화였다. 아침에 출근해 자리에 앉으면 심호흡을 크게 하고 언론사에 전화를 했다. 친구에게 놀러 가자는 연락도 해본 적 없던 내가 얼굴도 모르는 사람에게 전화를 걸어 대화를 주도해야 했던 것이다. 이런 업무를 해야한다는 것은 입사 전 인터뷰에서 분명히 들었을 터였다. 하지만 이렇게 어려울 것이라고는 상상도 못했다.

어떤 기자는 건성으로 "네, 네, 네" 했다. 어떤 기자는 퉁명스럽게 "알았어요" 하고는 전화를 끊어버렸다. 자존심이 상해 눈물이

울컥 솟구친 적도 있었다. 가끔은 사무실 사람들이 내 통화를 듣고 있다가 '저렇게밖에 얘기를 못하나?' '저건 너무 비굴한 거 아냐?' 하고 평가하고 있는 것만 같아 신경이 곤두섰다.

일은 전화로만 끝나지 않았다. 주기적으로 기자들을 만나 친분 형성을 해야 했다. 주로 점심 약속을 잡았는데 솔직히 할 말이 별로 없었다. 어떤 기자는 진지하게 내게 이런 충고를 했다.

"그렇게 말수가 적어서야 이 일 하겠어요?"

자기도 만만치 않게 말이 없었으면서 정적의 책임을 내게 돌렸다. 물론 먼저 만나자고 한 사람이 나였으니까 그랬겠지만. 그런 조언조차 않고 나와 똑같이 입을 꾹 다문 채 식당 안에 켜 있던 TV만 보던 기자도 있었다.

그럼에도 그만두어야겠다는 생각은 하지 않았다. 일단 일을 계속해야 돈을 벌 수 있었으니까. 하지만 다른 이유도 있었다.

첫째, 있을 것 같지 않던 변화가 보였다. 6개월 전보다 조금 나아졌다는 자각이 들었다. 수화기를 들기 전 쿵쾅거리던 심장이 점점 차분해졌다.

둘째, 열심히 하려는 의지를 알아봐주는 사람들이 생겼다. 어떤 분은 내게 이런 말을 해주었다.

"조팀장이 쓴 보도자료는 뭔가 달라요."

사실 전화로 급하게 읊어대는 홍보문구보다 문서로 작성한 보도자료가 더 중요했다. 그것을 인정받은 것이다. 그 말이 내 글을 쓰겠다는 결심의 시발점이 되었다. 누군가는 내가 상대방 이야기에 집중하는 모습이 참 보기 좋다는 말도 해주었다. 만화 홍보를 어떻게 해야 할지 모르겠다고 고민을 토로하자 어느 기자는 만화 칼럼을 쓸 수 있도록 공간을 마련해주기도 했다.

셋째, 사람들과 만나는 일이 즐거워졌다. 약속이 생기면 신이 났고 약속이 없는 날엔 좀 심심하게 느껴질 정도였다. 세상에, 내가? 어느새 기자들 외에 다양한 사람들, 작가들과도 친분이 생겼다.

그렇게 6년 만에 나는 확 바뀌었다. 내게 상처 주는 사람들이 없었다면 거짓말이다. 하지만 그것을 상쇄해줄 만한 좋은 사람들을 알게 되었다.

연세대학교 심리학과 교수 서은국의 『행복의 기원』에 소개된 마이클 가자니가의 연구에 의하면 인간의 뇌는 결국 인간관계를 잘하는 것을 목표로 설계되었다고 한다. 스마트폰도 알고 보면 사람들과 연결되는 다양한 방식을 제공하는 기기이기 때문에 이토록 쉽게 우리 삶을 장악했던 것이다.

내성적인 줄로만 알았던 나도, 이 글을 읽는 당신도 결국에는 다 인간관계를 잘 하고 싶은 욕망을 가지고 있는 인류라는 것, 반박하기 어려운 진실이 아닐까.

관계도 진화한다. 지금은 고민스러워도 언젠가는 더 나은 관계 맺기를 할 수 있다.

온라인
인연들

블로그에서 인스타그램까지

나에게 최초의 소셜미디어는 블로그였다. 일이 바쁘지 않아 무료했던 어느 날, 나는 남들이 다 한다는 블로그를 한번 만들어보았다. 그냥 뭔가를 끄적거릴, 온라인 일기장의 용도였다. 좋아하는 풍경이나 배우의 사진을 올려놓았고, 좋아하는 한글 단어를 닉네임으로 썼다. 참 소박했다.

그러던 어느 날 이웃이라는 것이 생겨났다. 나를 이웃으로 신청한 그들은 안부게시판에 서로 알고 지냈으면 좋겠다는 내용의 글을 남기며 내가 쓴 글에 간단한 댓글을 달아주었다. 그때 깨달았다. '모니터 너머에 사람이 있었구나' 하는 것을!

나도 이웃들의 블로그에 놀러갔다. 안부 글이나 댓글을 남겼다. 처음엔 예의바르게, 그런데 점점 어이없는 댓글을 내 딴에는 재미로 달게 되었다. 그러다가 내 댓글보다 좀더 독한 댓글을 다는 사람들이 하나둘 나타났다. 어느덧 경쟁이 붙은 이 댓글쟁이들은 하루에도 몇 번이나 그저 댓글을 달기 위해 서로의 블로그를 오고가게 되었다. 누군가는 우리들의 댓글 공박이 재미있다며 다른 게시판에 퍼가도 되느냐고 묻기도 했다. 결국 TV 예능프로그램에서 보았던 '당연하지' 게임을 인용한 댓글달기 게임까지 시도해서 무려 100개에 육박하는 댓글을 남기는 기록을 만들었다. 서로 얼굴도 모르는 사람들이 보여준 놀라운 팀워크였고 온라인 인연의 시작이었다.

그렇게 활발했던 블로그 활동이 잠잠해졌을 무렵, 이번에는 페이스북이 등장했다. 블로그보다는 무언가 주최 측의 간섭이 많은 느낌이었다. 그래도 페이스북을 하지 않으면 시대에 뒤떨어지는 것 같은 느낌에 일단 시작했다.

자연스럽게 친구 신청이 들어왔다. 그런데 뜻밖의 이름이 등장했다. 옛 상사였다. 하지만 함께 일하는 내내 서로가 '우린 왜 만났을까?' 하는 의문을 일게 한 관계였다. 내가 회사를 떠나는 데에도 이분이 크게 일조를 했었다. 그런데, 왜? 웬만하면 다 친구신청을 받아들였지만 그분만은 거절했다.

모르는 사람을 알아가는 것이 블로그였다면 페이스북의 역할은 이렇듯 조금이라도 인연이 있던 사람들을 다시 연결시키는 것이었다. 그렇다 보니 위의 에피소드처럼 달갑지 않은 사람이 친구로 추천되는 일이 종종 생겼다. 익명성 아래에 까불 수 있었던 블로그와는 달리 페이스북은 시어머니, 시아버지, 시누이, 시동생들이 지켜보는 가운데 놀아야 하는 느낌이기도 했다. 계속 눈치가 보였다고나 할까. 나는 그 점이 불편했다.

슬슬 발을 빼려던 차에 문득 한 가지 기능을 이용해보기로 했다. 사람을 찾아보기로 한 것이다. 고등학교 시절 나와 펜팔로서 편지를 주고받았던 독일 친구의 소식이 궁금했다. 내가 고 3이 되면서 공부에만 전념해야 했기에 나는 눈물을 머금고 그와의 연락을 끊었다. 고 3이 되면 왜 펜팔 친구에게 편지를 못 쓴다는 것인지 그는 이해하지 못했지만 어쨌든 나를 존중하는 의미에서 내 의견을 받아주었다. 그걸 보면 정말 속 깊은 친구였다.

결국 그를 찾아냈다. 어릴 때 얼굴 그대로였다. 메시지를 보냈다. 목요일에 보냈는데 토요일 아침 답장이 도착했다. 어릴 적 꼼꼼하고 정확했던 성격 그대로 내 메시지를 늦게 읽은 이유, 자신의 페이스북 이용 성향, 자신의 현 상황까지 장문의 글을 그 작은 메시지 창 안에 꼼꼼히 담아 보내왔다. 이 친구에 대한 이야기는 나중에 다시 하겠지만, 그를 찾아준 것만으로 마크 주커버그는 내게 은인이다.

블로그, 페이스북을 거쳐 요즘엔 인스타그램을 이용한다. 1년에 한 번을 못 보는 친구도 그곳에서는 안부를 전할 수 있다.

결국 모든 소셜미디어는 좋은 것을 나누고 싶고, 잘한 것은 칭찬받고 싶고, 또 아픈 일은 위로하고 위로받으며 교류하고자 하는 인간의 욕망을 채워주는 역할을 한다는 점에서 성격이 동일하다. 그렇게 인간다움을 지향하는 목적에서 크게 벗어나지 않는다면 소셜미디어 활동이 인생의 낭비라고 매도되는 일은 없을 것이다. 하지만 시도 때도 없이 들락거리며 댓글을 확인하느라 눈앞의 사람에게 소홀하거나 사생활을 시시콜콜 생중계하는 것은 지나친 일이 아닐까.

또 아쉬운 것은 온라인에서 알게 된 친구를 오프라인에서 만나는 경우도 있지만 오프라인에서 친해진 사람들까지 이제는 대개의 경우 온라인으로만 연락하게 되었다는 것이다. 굳이 통화를 하면 촌스러워 보일 지경이다. 매일 '좋아요'를 누르느라 자주 본 것 같지만 실제로는 못 본 지 수년 넘은 친구들아, 너희들 그 사진처럼 정말 잘 살고 있는 거니?

네가 보여주려고 하는 삶, 때론 그 이상이 나는 궁금해.

먼저 다가서면
좋은 이유

기다리기만 해선 아무 일도 일어나지 않는다

오래전 후쿠오카에 놀러갔다가 유학중이던 남사친 A에게서 뜻밖의 모습을 본 적이 있다. 함께 카페에서 커피를 마시고 나왔는데 A는 문득 망설이는 표정을 지으며 발걸음을 떼지 못했다.

"왜? 뭐 두고 나왔어?"

의아해서 묻자 A가 심각한 표정이 되어 말했다.

"사실은 내 이상형이 저기 앉아 있어."

그 말에 살짝 놀랐다. 나는 이야기에 빠져 주변을 살피지 못했는데 얘는 언제 그렇게 스캔을 했던 것인가. 얼마나 예쁜 여자일까 궁금하기도 했다. 그래서 나는 얼른 가서 말을 걸어보라고 했다. 외롭게 유학중이던 그에게 이 만남이 잘된다면 좋을 것 같았다. 함께 있었던 A의 친구도 A의 등을 떠밀었다. 그녀를 데리고만 나오면 어떻게든 도와주겠노라고. 그러나 내 남사친은 발자국으로 원만 수십 개 그려냈을 뿐 끝내 카페로 되돌아가지 못했다. 몇 번이나 큰 숨을 들이마셨다가 내쉬었다가 했음에도 말이다. 남자라고 해서 여성에게 고백하는 것이 그리 쉬운 일은 아니라는 것을 그때 알았다.

사실 내 남사친이 카페의 그녀에게 말을 걸었다고 해도 잘 되었을 것이라는 보장은 없었다. 하지만 언제나 해보지 못한 일에 대한 아쉬움으로 그 일이 떠오른다. 그냥 '인상 좋으시네요!'라고 한마디 던졌으면 어땠을까. 연락처만이라도 건넸더라면? 발개진 표정을 그대로 보였어도 나쁘지 않았을 것이다. '이렇게 순수한 남자가 다 있었네?' 하고 호감을 샀을지도. 인연은 아무도 모르는 거니까.

그 친구와 달리 나는 내성적이고 사교성이 없는 주제에도 좋아하는 이성에겐 꼭 다가갔었다. 물론 거절당한 기억이 더 많다. 심지어 완곡한 거절은 못 알아들어 명확한 거부의 말을 듣고 나서야

단념을 했다. 하지만 그것이 부끄럽지는 않다. 그렇게 시도하지 않 았다면 두고두고 '진짜 그 남자의 마음은 무엇이었을까?' 하는 미 망에 사로잡혀 있었을 테니까. 이것은 중학교 시절 사회과목을 맡 았던 조덕희 선생님의 영향이다.

"여자라고 왜 가만히 기다려야 해요? 난 내가 좋아하는 남자, 내 가 선택할 거예요!"

여자는 남자들의 선택을 기다려야 한다는 풍조가 강했던 시대 였다. 그래서 그 선생님의 주장이 더욱 인상적이었고 그래서 내 삶의 신조가 되었는지도 모르겠다.

실제로 여성이 먼저 다가가 성공한 경우를 목격하기도 했다. 직 장 야유회에서 새로 들어온 여사원과 대화를 하고 있을 때였다. 입은 나에게 말을 하고 있는데 그녀의 시선은 계속 다른 남자 신 입사원에게로 향했다. '첫눈에 반한 사랑이란 이런 것이다'라고 그녀는 온몸으로 말하고 있었다. 혹시 저 남자가 맘에 드는 거냐 고 물어볼 필요도 없었다.

분홍빛 열기로 활활 타오르고 있던 그녀는 마침내 게임에서 그 남자 직원과 함께 벌칙을 받게 되었다. 섹시 댄스를 추어야만 했 다. 쭈뼛거리고 있던 그 남자 직원과 달리 그녀는 당당하게 춤을 보여주었다. 상대가 다른 사람이었다면 과연 그녀가 그런 춤을 추었을까. 좋아하는 남자와 눈을 맞추며 자신의 가장 멋진 모습을 어필하던 그녀의 당당함은 누가 봐도 매력적이었다. 훗날 그들은 실제로 커플이 되었다.

먼저 다가가는 것의 장점은 또 있다. 흔히 남녀 사이에는 '밀당'이 중요하다고 한다. 이 말에서 대부분의 여성들은 밀어내기를 떠올린다. 하지만 매력만점의 여성이 아닌 이상 가만히 있는데 이성이 다가오는 일은 흔치 않다. 그런 상황에서 먼저 다가와준 사람을 어떻게 밀어내나? 좀 미안하지 않은가? 웬만하면 그가 하자는 대로 따르게 된다. 아무 노력도 안 한 나에게 와주었으니까! 하지만 먼저 다가간 사람은 그런 부채의식이 없다. 다가갔다가 후퇴하면 그것이 바로 밀어내기가 된다. 다가갈 상대를 선택하기에 앞서 그 사람에 대한 관찰과 판단을 일찌감치 끝냈기 때문에 미련이나 아쉬움도 적다. 즉 먼저 다가갈 수 있어야 먼저 멀어질 수도 있는 것이다. 관계의 주도권을 선점한 셈이다.

마냥 기다리기만 한 사람에게는 모든 인연이 우연이거나 불운이다. 하지만 다가갈 각오를 하고 사는 사람에게 인연은 과학이고 분석이고 철학으로 발전한다. 결과가 나쁘더라도 '아, 세상엔 이런 유형의 사람도 있구나' 하고 배울 수 있다. 데이터는 축적되어 적어도 자신이 어떤 사람과 어울리고 또 어떤 사람과는 안 어울리는지 정도는 파악할 수 있다. 수동적으로만 지내면서 어떻게 세상을 알고, 사람을 알 수 있을까. 부디 먼저 움직여라.

직선적으로 다가갔던 나, 쿨하게 거절했던 A씨, B씨, C씨……
모두가 그리운 추억이다.

오래 보면
보인다

첫눈에 본심을 알 순 없다

한때는 첫눈에 사람을 판별하는 일이 가능하다고 믿었다. 『첫인상으로 사람을 읽어내는 법』과 같은 책을 읽으며 '그래 맞아, 이런 관상은 안 좋았어' 고개를 끄덕였다. 덧붙여 그 사람의 혈액형과 별자리를 알기라도 하면 더욱 맹신하곤 했다. 나의 눈과 촉을.

그러나 살아가면서, 많은 사람들을 보게 되면서 점점 다른 경험을 하게 되었다. 분명히 좋은 느낌이라고 받아들였는데 오래지 않아 실망하기도 했고, 나와 무관한 사람이라고 마음속에서 제쳐두었는데 뜻밖에 긴 인연으로 이어지는 사람도 생겼다.

4년 전 어느 봄, 나는 소설 수업이라는 것을 받아보고 싶은 충동을 느끼고 문화센터에 등록했다. 솔직히 그전엔 소설과 친밀하지 못했다. 좋아하는 소설도 있었지만 '이게 무슨 소리야?' 하며 덮은 적이 더 많았다. 그러니 더 늦기 전에 마음속의 벽을 무너뜨리고 싶었다. 수업은 활기차고 즐거웠다. 나는 언제나 그랬듯 같은 자리를 고수했다. 앞에서 두 번째이며 중간 자리. 수업에 집중하겠다는 의지이기도 했다. 30분씩 일찍 도착하던 나는 별 무리 없이 언제나 그 자리에 앉을 수 있었다. 그런데 어느 날 아주 조금 지각했을 뿐인데 내 자리에 다른 수강생이 앉아 있었다. 내가 항상 앉던 자리인데……내 기억에 그녀는 그 옆자리에 앉았었다. 그런데 그날은 왜 내 자리에 앉았는지, 나는 짜증이 났다. 내 자리를 빼앗긴 것에 대한 분노로 수업 내용이 잘 들어오지도 않았다. (나도 안다. 이럴 때엔 내가 참 진상이라는 것을.) 당연히 그 수강생에게 미운 털이 박혀버렸다. 그녀는 질문을 할 때에도 유난히 차분하고 당당했는데 그게 더 미워 보였다. 뭐가 저렇게 당당해? 나는 삐죽거렸다.

　　프로그램을 마칠 무렵, 선생님은 수강생들끼리 합평 모임을 반드시 만들어야 한다고 했다. 인원이 적다 보니 결국 그녀와 한 팀이 되었다. 달갑지 않았다. 그런데 '눈치 없이 남의 자리를 빼앗고 쓸데없이 당당했던' 그녀가…… 볼수록 괜찮았다. 귀찮은 일도 맡아서 착착 진행했고 시간도 잘 지켰다. 싹싹했고 정직했다. 보기와 달리 어린 면도 많았다. 시간이 흐르자 결국 그녀와 나만이 그 모임에 남게 되었다. 끈기와 근성까지 갖춘 셈이었다. 그때의 첫인상만으로 그녀를 멀리했거나 돌이킬 수 없는 딴죽을 걸었더라면 나는 이 속 깊은 평생친구를 만나지 못했을 것이다. 내가 그날의 내 속내를 털어놓자 그녀는 '어머? 제가 그랬어요? 전혀 몰랐어요' 했다. 하긴 누가 일부러 다른 수강생의 비위를 건드리기 위해 앉고 싶지도 않은 자리에 앉겠는가. 나는 한 번 더 머쓱했다.

요즘은 모임이든 어떤 자리에서든 사람을 알게 되면 섣불리 판단을 내리지 않는다. 대화를 하다 보면 어쩔 수 없이 이런저런 정보를 얻게 된다. 하지만 이제 보이는 것을 다 쉽게 믿지 않기로 결심하곤 한다. 항상 웃는 얼굴이라고 친절한 사람일까? 웃음기 사라졌을 때의 차가운 표정이 진짜 모습일 수 있다. 오히려 뚱하고 무뚝뚝해 보이는 사람 중에 책임감이 강한 성격을 많이 보았다. 물론 그렇게 보인다고 다 책임감이 강하다고 볼 수는 없겠지만 뚱해 보인다고 바로 나를 싫어해서 불친절한 것이라고 생각할 필요는 없다.

무엇보다 안전한 것은 오래 보는 것이다. 우리는 너무 처음에 모든 것을 판단하려고 욕심을 부린다. 눈빛으로? 옷차림으로? 몇 마디 말투로? 이 정도로 상대에 대해 얼마나 알 수 있을까. 한 번 보았을 때 다르고 두 번 보았을 때 다른, 그 느낌을 인정하고 즐겨보자. 처음과 다른 모습을 발견했을 때 우리는 그 사람에 대해 더 매력을 느끼기도 한다. 같은 사람을 다르게 볼 수 있는 나 자신에 대해서도 칭찬할 수 있어야 한다. 사람이 언제나 변하지 않는 안목을 갖고 산다면 그건 좀 부끄러운 일이 아닐까.

첫눈에 다 파악하려는 것은 점쟁이의 욕심. 우리는 좀더 느긋해도 된다.

관계의 화학작용

최고의 케미는 따로 있다

이론적으로 관계란 상대적인 것임은 이미 잘 알고 있었다. 내가 좋아하는 사람을 누구는 불편해하고, 누구나 좋아하는 사람인데 나는 영 싫은 경우가 종종 있으니까. 그런데 그것을 단기간에 너무나 여실히 체험한 적이 있다.

어느 날 평화방송 쪽에서 TV 출연 제의를 받았을 때였다. 라디오라면 모를까 TV 카메라 앞에 서는 것은 영 자신이 없어서 작가에게 완곡히 사양의 의사를 전했는데 그분은 아주 프로페셔널하게 나를 설득해버렸다. 결국 약현성당에서 야외촬영부터 하게 되었다. 그곳에서 담당 PD와 카메라맨을 처음 만나 인사를 하고 촬영을 시작했다. PD는 방송 콘셉트를 설명하며 나에 대한 이야기를 자연스럽게 해달라고 요구했다. 방송용으로 머리와 메이크업까지 해온 나는 겉보기에는 잘 준비된 것 같았다. 그러나 녹화만 시작하면 긴장하고 얼어붙었다. 자꾸 기침도 났다.

"편안하게 하세요! 네, 다시 한 번!"

PD는 편안하게 하라는데 그의 얼굴만 보면 말이 꼬였다. 나중에는 PD와 나란히 벤치에 앉아 '저는 왜 이럴까요?' 하소연까지 했다. 하지만 아무리 경력이 오래된 PD도 출연자가 갑자기 이야기를 잘하게 되는 비법을 알지 못했다. PD는 고개만 갸웃거리며 '다른 분들은 잘하시던데……' 했다.

결국 어찌어찌 촬영을 마쳤고 실내 좌담 촬영이 남았다. 이쪽이 더 긴 시간을 요하는 일이었으므로 긴장도는 배가되었다. 작가도 걱정이 되었는지 수차례 전화를 걸어 나를 독려했다. 나는 정신적으로 너덜너덜해졌지만 어쨌든 약속했고 시작한 일이니 마무리를 해야 했다. 서두르다 보니 그날 꼭 먹겠다고 다짐했던 우황청심환 사는 것도 잊었다. 그런데 나와 함께 좌담을 진행할 MC인 신귀남 데레사 수녀님과 인사를 나누자마자 무언가가 마음속에 막혀 있던 것이 확 풀리는 기분이 들었다. 처음 뵙는 분이었는데 마치 그 전에도 종종 만난 분 같은 느낌이기도 했다. 대기하면서부터 우리는 이야기를 시작했고 카메라 앞으로 자리만 옮겨서 하던 이야기를 계속했다. 야외촬영 때보다 훨씬 많은 카메라와 스태프들이 우리를 지켜보고 있었지만 그것이 전혀 의식되지 않았다. 나는 수녀님과 대화하는 데 푹 빠졌다. 다른 이야기도 아니고 내 이야기, 내가 경험한 이야기를 하는 데 어려울 것도 없었다. 시간은 순식간에 지나갔다. 야외촬영 때처럼 다시 찍어야 하는 부분도 없었다. 너무 신기한 체험이었다.

수녀님은 좋은 사람이고 PD는 나쁜 사람이라는 얘기가 아니다. 그냥 그것이 바로 관계의 화학작용이었다. 그때의 나는 수녀님과 더 주파수가 잘 맞았다. 쉬운 말로 '케미'인 것이다.

예능 프로그램에서도 비슷한 일이 벌어지곤 한다. 유재석은 박명수를 만나 대성공을 거두었지만 만약 다른 개그맨과 함께였다면 어땠을까. 각 개인으로는 재미있는 연예인이지만 함께 모였을 땐 케미 대신 불협화음이 일어나는 경우도 많다. 관계의 화학작용은 직접 부딪치기 전에는 당사자도 알 수 없는 일이니 무조건 제작진을 탓할 수만도 없다.

사실 우리 생활에서 가장 중요한 케미는 연인이나 직장 상사다. 연인은 최소한 내가 선택할 수 있지만 직장 상사는 선택할 수도 없다. 객관적으로 존경할 만한 스펙의 소유자이고 다른 직원들은 모두 그를 따르는데 하필 나만 그가 불편하다면 어떻게 해야 할까. 솔직히 답은 없다. 견디거나 피하거나, 둘 중 하나일 뿐. 우리도 프로니까 프로답게 견디는 수밖에. 대신 다음번에는 좀더 행운이 있기를 빌어볼 뿐!

커피와 우유처럼, 빵과 버터처럼! 멋지게 조화되는 관계의 케미를 나는 꿈꾼다.

친구보다 선생님이
좋았던 이유

학교에서 배울 것은 지식만이 아니다

반려동물을 들일 때 사람들은 흔히 새끼를 선호한다. 하지만 나는 다 자란 상태의 동물을 더 좋아한다. 지금 키우고 있는 2마리 고양이 중 첫째 녀석은 새끼 때의 모습을 아예 알지 못한 채 성묘일 때 입양했다. 그래도 내 눈에는 정말 사랑스러웠다.

둘째 고양이는 남편의 제안으로 태어난 지 2개월 되었을 때 입양했지만 새끼라고 더 예뻐 보이진 않았다. 오히려 고양이라는 동물의 아름다움이 아직 완성되지 못한 느낌이었다. 털도, 눈빛도, 몸의 실루엣도 미완이었다. 나는 기다렸다. 이 하얀 털북숭이가 완

성된 아름다움을 뽐내게 되기를! 이 녀석이 완연한 성묘가 되고
나서야 비로소 내 마음도 흡족해졌다.

  사람의 경우도 마찬가지다. 어린아이를 귀엽다고 생각한 지 그
리 오래되지 못했다. 인도적인 차원에서 존중하고 보호해야 한다
고 믿고 있지만 『나의 라임오렌지 나무』의 뽀르뚜가 아저씨처럼
너그럽게 어린아이들과 우정을 쌓을 수 있을지는 자신이 없다. 이
런 성향이 어릴 때는 더 심했다. 나는 또래 친구들보다 선생님에
게 더 관심이 갔다. 어른이어야 완성된 존재라는 믿음이 있었고
그런 어른에 대한 선망이 있었다.

  단 한 명의 담임 선생님께만 배워야 했던 초등학교 시절은 그
래서 불행했다. 내게 불친절한 선생님을 만나 배워야 하는 시절은
1년 내내 암흑이었다. 1학년이 그랬고, 2학년은 최악이었고, 3학
년도 크게 다르지 않았다. 4학년이 되어서야 비로소 숨통이 트였
다. 최화진 선생님, 감사합니다!) 5학년은 중간에 전학을 가느라
1학기, 2학기 두 분의 선생님을 만나는데 두 분 다 '어른일수록 아
이들 앞에서는 말을 조심해야 한다'는 교훈을 간직하게 해주셨다.
6학년 때부터 학교가 좋아졌다. 중학교에 가니 더욱 좋았다. 각양
각색의 선생님이 다채롭게 교실에 들어오시다니! 연예인이 들어

와서 각자의 쇼를 진행하는 것만 같았다.

고등학교에서도 이런 느낌이 이어졌다. 친구가 아닌 선생님들 때문에 학교가 좋았다. 강렬한 개성과 매력을 지닌 선생님들이 계셨기에 즐거웠다. 철학의 재미를 일깨워주신 선생님, 미술가의 꿈을 자극은 해주셨으나 내 실력에 대해선 가차 없이 냉정하셨던 선생님, 똑똑한 모범생이 자라서 교사가 되면 이렇게 된다는 선례를 온몸으로 보여주신 선생님…… 수학 시간 빼고 수업시간이 지루했던 적은 거의 없었던 것 같다.

그때도 대학입시에 대한 압박감은 있었지만 그래도 뭔가 여유가 있었다. 사교육이 완전히 금지된 시기여서 학생 입장에선 뜻하지 않게 누렸던 태평성대였을까. 아직은 돈이 세상을 지배한다는 사조가 몸통을 드러내지 않아서 그랬을까.

얼마 전 최고의 인기를 구가했던 드라마 〈스카이캐슬〉에서는 고등학교 학생들이 대거 출연했지만 학교 선생님의 모습은 거의 나오지 않았다. 선생님 대신 입시 코디네이터라는 존재가 등장한다. 주인공 예서의 일상을 지배하는 이는 입시 코디네이터다. 예서는 대입 성공을 위해 코디네이터에게 수십억의 비용을 치른다. 서울대 의대

합격이라는 공동의 목표를 향해 달려가면서 입시 코디네이터는 상황에 따라 예서의 친구도 되었다가, 부모도 되었다가, 선생님도 되었다가 한다. 때로 부모는 그 입시 코디네이터에 의해 완전히 뒷전으로 밀려나기도 한다.

그런 상황이 과연 행복한 것일까. 비록 전교 1등이라는 결과를 얻어내지만 예서라는 아이의 학창시절이 나의 학창시절보다 행복한 것이란 생각은 전혀 들지 않는다. 훗날 그녀의 기억에 남는 고등학교는 그저 내신점수를 만들었던 곳에 불과하지 않겠는가. 결과를 만들기 위해 어쩔 수 없이 거쳐 간 곳 말이다.

인간은 목표가 아니라 과정에서 풍요로워진다. 학교란 그런 곳이다. 사춘기의 그 찬란한 과정을 보내야 하는 공간이 단편적인 입시만 준비하는 곳이 된다면 너무 슬플 것 같다. 학창시절 선생님들을 그리워하는 내 이야기가 너무 지난 이야기, 전설 같은 이야기로 보이는 것은 아닌지 또 걱정스럽다.

> 길 위에서 너는 이미 풍요로워졌으니 이타카가 너를
> 풍요롭게 해주길 기대하지 마라. -콘스탄티노스 카바피

혼자 가도 둘이 걷는 길, 카미노

매일 만나고 매일 헤어지던, 축소판 인생

10년 전 산티아고 데 콤포스텔라 순례길을 TV로 처음 보았을 때 나는 곧바로 상사병에 걸렸다. 풍경에 완전히 매혹되었다. 가고 싶었다. 정말 가고 싶었다. 그곳이 국내였다면 앞뒤 재지 않고 갔을 것이다. 그런데 너무 멀었고 비용도, 시간도 문제가 되었다. 끙끙 앓았다.

'어떡하지? 가고 싶다. 어떡하지? 정말 가고 싶다.'

이런 말도 안 되는 선문답을 혼자 반복했다. 그때의 내 비정상적인 열정을 누군가 지켜보았다면 사람이 저렇게 이상해지나 싶었을 것이다. 그런 간절함 때문에 내가 실직했던 것인지도 모르겠다. 얼마 가지 않아 갑자기 직장을 잃게 되었고 나는 잠시 많이 흔들렸다.

내가 생각이 깊은 사람이었다면 그런 시기에 순례길을 떠나지 못했을 것이다. 다음 단계의 삶을 성실히 준비하기 위해 새 직장을 알아보거나 과감히 창업이라도 해야 했다. 그런데 그때 신은 나와 함께했던 것 같다.

"걱정하지 말고 떠나거라."

그렇게 신은 내 등을 떠밀었다.

한 달 넘게 스페인 북부의 길을 걸었다. 철저히 혼자였다. 낯선 외국에서 혼자라는 것이 어떤 느낌인가 하면, 그곳이 도시면 도시라서, 황량한 들판이면 들판이라서 외로움이 증폭되었다.

가장 당혹스러웠던 첫날밤의 이야기는 나의 산티아고 순례기인 『그 길 끝을 기억해』에도 실려 있다. 출발지였던 생장피에드포르 Saint jean pied de port에서 나는 더럽고 시끄러운 방을 못 견디고 나와 숙소의 식탁에 엎드려 잤다. 낯선 이방인들에 대한 경계심이 극에 달했던 것이다. 그 눅눅하고 퀴퀴한 공기를 함께 호흡하는 것도 정말 싫었다. 그런데 아침식사 시간에 마주한 그들은 뜻밖에 선량하고 순박했다. 그런 이미지의 전환은 그 이후에도 여러 번 일어났다. '정말 무례한 인간'이라고 생각했는데 '그냥 별 생각이 없는' 평범한 사람들이 대부분이었다.

『젊은 베르테르의 슬픔』에도 나오듯 간사함이나 사악함보다는 오해와 태만이 이 세상에서 더 많은 갈등을 불러일으키는 것이 사실이었다. 이 산티아고 순례길이 놀라웠던 것은 일상에서라면 꽤 오랜 시간이 걸려야 깨달을 수 있는 것을 아주 짧은 기간 안에 체험하고 느끼게 했다는 것이다.

> 세상의 어떤 일은 이렇게 도미노게임처럼 내가 직접 나서지 않아도 한 가지 사건이 다른 사건의 원인이 되고 또 그 다음 사건의 원인이 되는 식으로 마침내 새로운 결과를 만들어내기도 하는 모양이다. 이것이 현실생활에서 일어나려면 꽤 오랜 시간이 걸리겠지만 카미노에서는 지극히 짧은 시간 동안 벌어진다. 그래서 더욱 놀랍게 와닿는 것이리라.
>
> 「그 길 끝을 기억해」, 조은강

나를 그곳으로 떠나게 한 가장 큰 힘은 눈부신 자연의 아름다움이었다. 그러나 막상 그곳에서 하루하루 보낼 때 나를 기쁘게 한 것은 그곳에서 만난 사람들이었다. 브라질의 안토니엘라, 독일에서 온 수산나, 에우나테의 장 아저씨, 산토스 신부님, 한국인 수사들……. 처음 보는 사람들이었지만 서로가 서로의 선의를 알아보고 그 여린 마음을 이해하면서 나는 세상에 대한 강한 긍정을 몸에 새기게 되었다. 이런 체험을 그 어디에서 또 할 수 있을까.

그래도 스페인에서 막 돌아왔을 때엔 그곳에 다시 갈 생각이 전혀 없었다. 충분히 고생했다고 생각했다. 피레네 산맥을 오를 때는 정말 죽을 것 같았고 발목도 꽤 오래 시큰거렸다. 요즘도 가끔씩 발목이 아픈 것은 그때의 후유증임을 의심하지 않는다.

그런데 얼마 전부터인가, 그럼에도 불구하고, 그 길을 또 걸을 수만 있다면 얼마나 좋을까 상상하게 되었다. 물론 10년 전보다 나는 세상의 때가 묻어 두려움도 많아졌고 몸도 무거워졌다. 그렇지만, 그래서, 더 겸손하게 그 길을 걷게 되지 않을까. 이제는 고독이 아니라 고통으로 눈물지을 수도 있겠지만 그래서 더 감사하게 순간순간을 느끼게 되지 않을까. 혼자 가도 둘이 걷게 되는 그 길을 생각하면 언제나 가슴이 따뜻해진다.

신은 나와 함께 있을 것이다. 그러니 무엇 때문에 신에 대한 생각을 한단 말인가? 신은 생각하지 않는 자와 함께 간다. - 『벤야멘타 하인학교』 로베르트 발저

아무리 좋은 마음을 품고 있어도 어떤 사람에게는 그 마음이 전달되지 않는
다. 반대로 상대의 좋은 면이 유독 내게는 보이지 않아 마음이 얼어붙기도 한
다. 더 나아가 어떤 방법으로든 나의 인생을 어둠으로 이끌어갈 수도 있는 불
편한 관계들이 있다. 이러한 부정적인 관계는 당신 혼자 힘으로만 바꿀 수 없
고 언젠간 이해하게 될 것이라는 보장도 없다. 상처만 주는 관계, 부담스러운
관계, 막대한 피해를 끼칠 수도 있는 관계 앞에서 나를 지키는 방법들.

3장

쉿!
이런 관계는
조심해

갑과 을의 관계

가족에게도 말하기 싫은 상처

'갑질'이란 '권력의 우위에 있는 갑이 권리관계에서 약자인 을에게 하는 부당행위'를 통칭한다고 한다. 이런 단어가 생성되고 통용되게 된 것은 수많은 갑님들의 활약이 있었기 때문이 아닌가 한다. 나 역시 대행사에 다닐 때마다 갑과 일을 해야 했다.

처음 홍보대행사에서 일하게 되었을 때 사실 나는 초보나 다름없었다. 그전에도 홍보 일을 했었지만 그때는 갑이라고는 언론사 하나였다. 그런데 홍보대행사란 곳은 사방이 갑이었다. 언론사, 잡지사, 클라이언트……. 특히 클라이언트는 마치 예민한 시어머니 같았다. 매주 외국계 자동차 회사였던 클라이언트 사무실로 들어가 회의를 할 때엔 너무 긴장되어 먹은 것이 올라올 정도였다. 갑이 원래 그런 존재였기 때문일까, 아니면 그저 그들의 개인적인 캐릭터 때문이었을까. 나 같으면 그러지 않았을 것 같은데 그들은 사소한 친절도, 배려도 아꼈다.

물론 그것이 얼마나 순진한 발상이었는지는 그 다음 광고대행사에서 밝혀졌다. 즉 그 정도는 약과였다는 뜻이다. 한 대기업 계열사 담당자와 장기 프로젝트를 진행하게 되었는데 전직 기자라던 그쪽 홍보실 담당자는 매사 짜증으로 일관했다. 그렇게 짜증을 마음대로 내는 것이 갑의 권리라고 믿고 있는 듯했다.

그런 상대를 설득하면서 일을 계속 진행했던 그때의 '나'가 지금의 나로서는 이해가 되지 않는다. 어떻게 그럴 수 있었을까? 그때의 나는 그저 시작한 일을 완결해야 한다는 생각에 사로잡혀 있었던 것 같다. 한번은 각자 사무실에서 출발해 촬영 스튜디오에서 만나기로 했을 때였다. 도착하자마자 그는 내게 화를 냈다. 여기까지 찾아오느라 너무 힘들었다는 것이다. 그럼 내가 어떻게 해야 했을까. 처음부터 길을 잘 모르니 자신을 픽업해서 데려가 달라 했더라면 나는 그렇게 해줄 수 있었다. 하지만 그는 스스로 찾아오겠노라고 큰소리쳤었다. 그 스튜디오는 나도 초행길이었다. 그의 화에는 논리도, 근거도 없었다. 나는 스튜디오 관계자들 앞에서 그렇게 무방비로 당했다. 마침 점심시간이었지만 나는 아무것도 삼킬 수가 없었다. 지금이라도 그는 알고 있을까? 그게 얼마나 한심한 갑질이었는지.

그밖에도 자잘한 갑질을 겪으면서 문득 나를 돌아보았다. 내가 갑이었을 때 나는 어땠던가. 그전의 직장에서 나는 라디오 광고 때문에 한 외주 광고대행사와 일을 했었다. 내 또래의 여자 AE가 우리 회사로 출입을 했었다. 그녀는 항상 싹싹했고 웃는 얼굴이었다. 솔직히 그녀가 좋았고 나는 그녀를 단순한 거래처라기보다는 같은 동료라는 느낌으로 대했다. 그러다가 라디오 광고의 실효성이 떨어진다는 내부적인 판단 끝에 광고를 접어야만 했다. 그녀와 그녀의 회사에 미안하긴 했지만 그것이 나의 독단적인 결정은 아니었기에 어쩔 수가 없었다. 큰 회사니까 우리 일 같은 작은 일감을 잃는다 해도 큰 손해가 나진 않을 것이라고도 생각했다. 더이상 그녀가 우리 회사에 들어올 일은 없게 되었다.

얼마 후 나는 몸의 이상을 느끼고 병원에 갔다가 수술을 해야 한다는 통보를 받게 되었다. 웬일인지 그녀가 생각났고 그녀라면 비슷한 연령이니까 내 상황에 대해 공감하고 이해해줄 것 같았다. 그런데 전화를 걸어 내 이름을 말하자 그녀는 차갑게 응대했다.

"웬일이세요? 저 지금 바쁜데요."

그녀가 먼저 전화를 끊었는지, 내가 먼저 끊었는지는 기억나지 않는다. 많이 놀랐던 사실만이 모든 기억을 덮어버렸다. 병원 벤치에 한참을 멍하니 앉아 있었다. 수술에 대한 공포 때문이기도 했지만 인간관계, 갑을관계에 대한 허망한 기분 때문이었다. 나도 좋은 갑은 아니었던 모양이다. 내 딴에는 잘했다고 생각했지만 착각이었다.

> 모든 사람은 자신보다 갑이라고 생각되는 사람을 진심으로 좋아하지 않는다. 그리고 마음을 열지 않는다. 단지 이해관계를 생각해 앞에서만 잘해줄 뿐이다. 그리고 상황이 바뀌게 되면 그 인간관계는 의미가 없어지게 된다.
>
> 『직장생활의 품격』, 장중호

그렇다면 비즈니스 관계에서 갑과 을을 떠난, 우호적이고 인간적인 관계를 기대하는 것은 정녕 무리일까? 그러나 나는 그럴 수가 없다. 지금도 나는 인간미 싹 빼고 접근하거나 일로만 연락하는 사람에게는 그보다 더 비인간적이 되곤 한다. 반대의 경우에는, 또 한없이 마음이 약해진다. 나로선 어쩔 수 없다. 이것이 참으로 비효율적인 인간관계라고 할지라도 말이다.

자신이 갑일 때 더욱 조심하라. 을의 행동은 본능적이지만
갑의 행동은 동물적이 될 수 있다.

나쁜 상사와 춤을

상사 본인만 모르는 상사의 실체

이제 와서 고백하지만 아주 오래전 직장동료들과 함께 책 한 권을 공저한 적이 있다. 마음에 들지 않는 상사와 어떻게 일할 것인가 하는 것에 대한 조언을 담은 책이었다. 다른 누구보다 우리 스스로가 겪은 것이 많았기에 잘 쓸 수 있다고 생각하며 의기양양했었다. 하지만 제목도, 내용도 조악했기에 지금은 절판된 것을 천만다행으로 여기고 있다. 다만 '얼마나 힘들고 괴로웠으면 바쁜 직장생활 틈틈이 그런 책까지 써야 했을지' 그때의 나와 동료들이 안쓰러운 것도 사실이다.

솔직히 어떤 직장에든 나쁜 상사는 있다. 그런데 어쩌다 보는 사장이나 가끔 보는 이사가 나쁘면 견딜 만하다. 내 바로 위의 상사가 일종의 방패나 쿠션이 되어 막아주기도 하니까 뒤에서 흉을 보긴 해도 매일매일 곤혹스럽진 않다. 문제는 같은 사무실을 쓰고, 매일 같이 회의를 하고, 다이렉트로 보고 및 대화를 해야 하는 상사가 진상인 경우다. 과거 나를 포함한 평범한 회사원들로 하여금 책까지 쓰게 했던 그분은 앞에서 설명한, 페이스북 친구신청을 거절당했던 그분이기도 하다.

무엇보다 우리는 그를 믿을 수가 없었다. 특정 직원의 의견만 옹호하며(그분은 훗날 불미스러운 일과 연루되어 잠적) 눈에 띄게 편애하고, 앞서 결정한 일을 뒤늦게 실행 단계에서 뒤집기 일쑤였다.

말씀은 또 얼마나 청산유수인지 '왜 이렇게 되었느냐'고 물으면 특유의 문어체로 진지하고 정중하게 그간의 사정을 늘어놓았다. 보통은 실무 직원이 상사를 설득해야 한다고 생각했는데 그 상사는 자신의 말솜씨를 이용하여 직원을 설득하고 언제나 자신의 주장대로만 밀고 나갔다. 그 상사를 이길 재간이 없었다.

태도나 말투, 인성이 의심스러워도 일을 잘하는 분이라면 또 조금은 지켜볼만 했을 것이다. 그분은 이 업종이 처음이라 뭐든지 실험정신으로 배우고 부딪치며 즐기는 듯했다. 결과는 뭐 말하지 않아도 뻔했고. 리더는 리더의 역할이 있고 실무자는 실무자의 역할이 있는데 자신의 흥미와 경험치를 채우기 위해 경계 없이 일을 하는 것은 사장이어도 해서는 안 될 일이었다.

하루의 대부분을 보내야 하는 곳에서 거의 매일 보는 사람과 사이가 안 좋다면 그 스트레스는 어마어마한 것이다. 하물며 상사라면 순간순간 감시당하고 매사에 지적당해도 이의를 제기하기 어렵다. 퇴사 밖에는 답이 없다는 결론이 나온다. 하지만 '과연 나는 좋은 직원이었는가' 하는 겸허한 반성을 잊어서도 안 된다.

앞에 언급한 나쁜 상사의 눈에 나는 어떻게 보였을까. 한 번도 생각해보지 않았던 것이지만 지금 돌이켜보면 무언가 믿고 맡기기에는 '어설퍼 보였고' 자신과 달리 '체계가 없어 보였을지도' 모를 일이다.

나는 오랫동안 혼자 결정하고 진행하는 식으로 일을 했다. 그러다 갑자기 중간관리자를 만난 것이다. 보고할 때마다 '자존심이 상하는' 기분을 느꼈다. 이런 것까지 얘기해야 하나? 이런 걸 이해나 할까? 배우가 아닌 이상 완벽히 표정을 숨기지 못했을 것이다. 귀찮아하는 티, 불만스러워하는 티를 냈을 것이다. 상사가 자세한 설명을 요구할 때 만연체까지는 아니어도 육하원칙 정도는 지켜주었어야 했는데 그렇지 못했을 것이다. 역시 남의 단점을 찾는 데엔 귀신처럼 빠르지만 내 눈의 들보는 너무 늦게 발견하는 것 같다.

아쉬운 것은 내가 그 회사를 나와 다른 곳으로 옮긴 지 얼마 되지 않아 그도 다른 회사로 옮겼다는 것이다. 그가 먼저 나갔더라면 나는 조금 다른 결정을 했을지도 모르는데 말이다.

나쁜 상사를 이기는 방법은 역시 그보다 조금 더 인내하고 조금 더 버티는 것이 최선일지 모르겠다. 같이 일하는 평범한 직원들의 눈에 나쁜 상사라면 결국 어디에선가 문제를 일으키게 마련이고 그들 특유의 이기적인 성향으로 이곳보다 더 나은 곳을 빨리 찾아내곤 하니까. 그러니 당신이 지금 나쁜 상사와 함께 있다 해도 딱 10년 뒤, 성장 발전한 자신의 눈으로 보면 이 상황을 어떻게 풀어갈지 꼭 한번 생각해보기 바란다. 그리고 조금만 더 버티어보길.

"무슨 소리예요? 저 인간은 도저히 답이 없어요!"

그렇다면 물론 미련 없이 새 직장을 알아봐야 하고~.

상사 때문에 사표 쓰지 말 것. 오직 나의 미래를 위하여 쓸 것.

악의는 없지만 서툰 사람들

그럴 의도는 아니었는데……

은희경의 단편소설 『타인에게 말 걸기』에는 특이한 유형의 한 여성이 등장한다. 어쩌면 이 글을 읽는 당신도 어디에선가 이런 사람을 한 번쯤은 마주친 적이 있었을 것이다.

회사 내 산악동호회에서 산행을 떠나기로 한 날, 그녀는 한 시간 이상이나 지각을 한다. 지각 사유는 모두를 위한 김밥을 싸왔다는 것인데, 사실 그들은 산 중턱의 식당에서 점심을 해결할 계획이었다. 또 남의 책상 정리를 해주면서 중요한 서류를 쓰레기통에 버린다. 사소한 말다툼을 한 사람에게는 시도 때도 없이 '저 그때 말이에요' 하며 사과를 하기도 한다.

눈치가 없다고 해야 할까, 자기만의 세계에 산다고 해야 할까. 은희경도 실제로 이런 여성을 보고 느낀 바가 있었을 것 같다. 그렇지 않고서야 이렇게 생생한 묘사는 불가능하다.

이 소설에 대한 황종연 평론가의 평은 이렇다. 그녀의 일련의 행동들은 예외없이 사람의 선의와 사람 사이의 유대를 천진하게 믿는다는 특징을 띤다고.

하지만 '천진함'에는 유통기한이 있다. 다 큰 성인이 '천진함'을 휘두르고 다닌다는 것은 기필코 누군가에게는 폐를 끼치고 말겠다는 것과 다름없다. 스스로 삼가고 성찰해야 할 것들을 '천진함'으로 퉁치는 것이다. 이들에게 '악의'는 없다. 김밥을 싸오고, 정리를 해주고, 사과를 하는 것에서 어떤 악의를 찾을 수 있겠는가. 결국 그런 악의 없는 행동에 눈살을 찌푸리는 사람만 스스로 야박하고 냉정해지는 것 같아 씁쓸해진다. 이런 사람은 악의는 없지만 관계에 서툰 사람들이다.

하지만 우리는 누구나 한때 저렇게 서툰 시절이 있었을 것이다. 나는 저렇지 않다고 손사래를 쳐봐도 내가 저런 모습에서 멀어지기까지 수많은 사건과 상처들이 있었을 것이다. 사실 겉보기에 완벽해 보이는 사람도 어떤 부분에서는 뜻밖에 서툰 모습을 보이기도 한다.

과거 한때 나는 지금은 범접할 수 없을 만큼 유명해진 소설가와 친분이 있었다. 마침 회사의 여자 상사가 그의 오랜 팬이라며 그를 만나게 해달라고 졸랐다. 그 정도는 나쁠 것 같지 않아 그에게 부탁을 했다.

"정말 팬이라는데 식사나 한번 같이 하면 좋을 것 같은데요."

그리하여 광화문의 모 레스토랑에서 만나기로 했다. 나이도 비슷하고, 대학도 동문이고, 사회생활도 충분히 한 사람들이 만나는데 무슨 문제가 있겠냐 싶어 나는 별 걱정을 하지 않았다. 오히려 방심했다. 그런데 그날 상황은 이상하게 흘러갔다.

선망하던 소설가를 직접 만난 것에 긴장을 했다고 하기엔 상사의 태도가 좀 이상했다. 그의 책에 대한 이야기도 하지 않았고, 그를 만난 것에 그다지 기뻐하는 것 같지도 않았다. 만약 내가 그녀의 입장이었다면 읽은 소설의 줄거리를 읊으며 '그 부분은 왜 그렇게 쓰셨나요?' 아니면 '그 책의 그 캐릭터는 실제 인물에서 따오신 건가요?' 등등 질문 보따리를 풀었을 것이다. 중간중간 온갖 칭찬과 찬사도 아끼지 않으면서 말이다.

그런데 이 만남을 간절히 바랐던 사람이 시큰둥해하니까 분위기는 점점 맥이 빠져갔다. 팬이라면서요? 그렇게 보고 싶었다면서요? 나는 눈빛으로 상사를 압박해보았지만 아무 소용이 없었다. 그 소설가는 '바쁜 시간 쪼개서 나왔는데 이게 뭔가' 하는 표정이 되었고, 결국 그날 이후 나와의 연락도 끊어버렸다.

그때는 상사도 이해가 가지 않았고, 소설가도 원망스러웠다. 어떻게 만든 자리인데 그걸 그렇게 망쳐버리나. 소설가도 그렇지. 뭐 그만한 일에 삐치나. 이제 돌이켜보면 모든 자리, 모든 상황에서 어떻게 처신하는 것이 베스트인지, 모든 사람이 아는 것은 아니라는 생각이 든다. 우상에게 팬레터도 많이 써봤고, 출판사 근무 경험도 있던 내겐 그런 자리가 낯설지 않았지만 상사는 달랐다. 그녀는 이성인 그 소설가에게 먼저 만나고 싶었다는 제안을 했던 것이 내내 쑥스러웠던 모양이다. 그 자리에서 호감을 표시하는 것도 자존심 상하는 일이라고 판단했던 것 같다.

무엇보다도 그녀가 몰랐던 것은, 책을 쓴 저자를 만났을 때는 무조건 '난 당신의 책을 읽었고 정말 좋았다'는 말을 해야 한다는 것이다. 그를 만나기 전 내게 조언을 구했더라면 나는 마음의 준비를 하고 그녀를 도왔을 것이다. 그런데 나보다 선배니까, 사회생활의 베테랑이니까 믿고 모든 것을 그녀에게 미루었다. 누구에게나 약한 구석, 서툰 구석은 있는 법인데 말이다. 둘 다 내 기억 속에서 나쁜 사람들이 아니다. 그럼에도 우리가 함께 즐거운 추억을 만들지 못했던 것은 늘 아쉽다.

누구에게나 어떻게 하면 좋을지 모르는 상황이 있다.
그런 때엔 모른다고 솔직하게 밝히는 것이 더 낫다.

이웃과의
관계에 대하여

존재감이 약할수록 좋은 사이

흔히 아파트의 장점은 이웃과
알고 지내지 않아도 되므로 프라이버시가 보호되는 것이라고 한
다. 하지만 아파트의 단점은 그럼에도 불구하고 알고 지내고 싶지
않은 이웃과는 필연적으로 서로 알게 된다는 것이다. 가장 큰 이
유는 층간소음 때문이다. 그래서 아파트에서는 바로 아랫집과 윗
집에 누가 사느냐가 아주 중요한 문제가 된다.

한 친구는 층간소음 때문에 이사를 갔다가 그보다 더한 층간소
음을 겪고 원래 집으로 복귀했다고 한다. 또 다른 친구는 힘들게

마련한 아파트, 온갖 애정을 쏟은 그 집의 유일하고도 가장 큰 단점이 층간소음이라 이러지도 못하고 저러지도 못하는 애증을 느낀다고 했다.

대화에 낯모르는 이웃의 이야기가 등장하지 않는 경우는 대개 '아주 부유한 환경'에서 사는 친구뿐이다.

> 이런 거였구나. 이웃의 취향으로부터 차단될 방법이 없다는 거. 계급이란 이런 거였고 나는 이런 계급이었어. ……더 좋은 집에서 산다는 것은 더 좋은 골목, 더 좋은 동네에 살게 된다는 것이고 더 좋은 동네라는 것은 이웃의 소음과 취향으로부터 차단될 수 있는 방법이 있는 동네일 테니까.
>
> 「누가」, 황정은

잘사는 친구는 일단 다른 가정과 위아래로, 좌우로 붙어서 살지 않는다. 붙어 있다 해도 그 경계는 엄청나게 두꺼울 것이다. 윗집이 제발 이사 갔으면 하고 기원할 필요도 없고 아랫집이 갑자기 쫓아 올라올까 가슴 졸일 이유도 없다.

그런 친구에게는 세상이 마냥 친절하고 너그럽다. 이웃과의 트러블? 그런 게 왜 생기지? 한밤중에 음악을 듣는 게 어때서? 이른 아침에 러닝머신을 달리는 건 또 왜 안 돼? 그런 스트레스가 없다는 것만으로 10년은 더 오래 살 수 있는 권리가 주어진다. 부럽다. 정말 부럽다.

우리 집의 경우는 위·아랫집보다는 옆집에 더 신경이 쓰이는 구조다. 달랑 두 집이 같은 복도를 나누어 쓰기 때문이다. 이 집에 이사 온 이후로 나는 그동안 수많은 이웃들을 맞이하고 또 보냈다. 복도에 서서 담배를 피웠던 이웃도 있었고, 안방 벽 너머로 목관 악기 소리가 아닌가 싶을 정도로 중후한 '코골이 소리'를 보내던 이웃도 있었다.

그래도 최악은 대문 밖 복도에 온갖 짐과 쓰레기를 쌓아두는 이웃이었다. 재활용 쓰레기를 모아두는 것은 그럴 수 있다 쳐도 음식물 쓰레기봉투나 종량제 봉투를 열어놓은 상태로 대문 밖에 둔 채 며칠 동안 사용하는 것은 정말 싫었다. 엘리베이터에서 내려 집으로 향해 걸어올 때면 정면으로 그런 쓰레기 더미가 보였다. 그때마다 내가 살고 있는 현실은 복도에 쓰레기와 잡동사니를 쌓아두어도 된다고 생각하는 이웃과 벽을 맞대고 살아야 하는 수준에 불과하다는 생각에 우울해졌다. 아무리 웃는 얼굴로 인사를 하면 뭐하나? 가끔씩 과일이나 음식을 전해주면 뭐하나? 가장 중요한 말, "저기요, 제발 쓰레기를 복도에 안 두시면 안 될까요?" 하는 말을 전할 수 없는 사이인데 말이다.

그 집이 마침내 이사를 가게 되었다고 얘기를 해왔을 때 나는 아쉬움보다는 감사함을 느꼈다. 이웃관계란 마치 칼을 들고 좁은 상자 속에 함께 서 있는 사람들처럼 서로 조심하지 않으면 상처 입히기 쉬운 관계다. 이웃과 친하게 지낸다는 것은 그 온갖 허물을 이해하고 참고 용서하며 감당하겠다는 각오를 하는 것이다. 그래서 더 어렵다.

최근에 이사 온 옆집 사람들은……마치 유령 같다. 분명히 인기척이 있는데 마주치지를 않는다. 언제나 우리 집 식구들이 나가거나 들어오는 행위를 마친 뒤에야 옆집의 문이 열리는 소리가 들린다. 귀를 쫑긋 세워서 우리의 움직임을 파악한 뒤 들고나는 것 같다. 그들은 어쩌면 이웃끼리 친하게 지낸다는 것이 결코 쉽지 않다는 것을 나보다 더 일찍 깨우친 사람들인지도 모른다. 피곤해지거나, 실망하거나 그 어딘가에서 멀지 않다는 것을. 옆집 사람들을 길에서 마주쳐도, 다른 자리에서 만난다고 해도 우리는 서로 못 알아 볼 것이다. 하지만 2년 후 혹은 그보다 더 오래 살게 된 후에도 서로 모른다는 것은 좀 이상할 것 같긴 하다.

물론 편하지만 그 편함이 마냥 편하지만은 않아서 오히려 옆집을 향한 궁금증이 새록새록 올라오기도 한다. 내 이웃이여, 당신들은 도대체 누구신가요?

공동생활은 어렵지 않다. 서로 절대로 부딪치지 않는다면.

너무 다가오는 사람

내 인생의 에너지 뱀파이어들

『침략부인』이라는 제목의 일본 단편소설을 미스터리 계간지에서 본 기억이 있다. 전체 줄거리나 작가는 기억이 나지 않지만 제목은 결코 잊을 수가 없다. 남의 나라를 침략하듯이 함부로 초인종을 누르며 다가오는 이웃 아주머니가 무척 인상적이었다.

'와, 이거 정말 무서운 캐릭터다! 이건 정말 침략이다!'

아무 때나 내 삶에 뛰어들어 조종을 꾀하고 평온을 무너뜨리고도 미안해하지 않는 방해자, 결과적으로 나의 에너지를 확 빼앗아가는 사람……그런 이웃 때문에 주인공의 삶도 피폐해지고 망가져가는 과정을 그린 것이 그 소설의 줄거리였을 듯.

그런데 이런 사람에 대한 공포는 소설 속의 상상에서 그친 것이 아니었다. 심리학자인 주디스 올로프 박사는 이런 사람들에 대해 일찌감치 '에너지 뱀파이어'라고 명명했다.

에너지 뱀파이어는 겉보기에는 사람을 좋아하고 만남을 즐기는 사람처럼 보인다. 사교적이고 활발해 보인다. 그런데 이들을 만나고 나면 이상하게도 나의 자존감이 떨어지고 피곤이 가중된다. 같이 웃고 같이 대화를 했는데 오직 에너지 뱀파이어 자신만이 더욱더 활기가 넘치게 된다. 한쪽은 에너지를 빼앗겼고, 한쪽은 그 에너지를 취했기 때문이다. 그들은 '침략부인' 같은 이웃일 수도 있지만 부모, 형제, 배우자, 동료, 친구 등 누구라도 될 수 있다.

누군가와 대화를 할 때마다 가슴이 답답해진다거나, 대화를 마친 뒤 문득 졸음이 미친 듯 쏟아진다거나, 소화불량이 생긴다거나, 뭔가 불길하고 우울한 생각에 사로잡히게 된다면 상대방은 에너지 뱀파이어일 확률이 높다.

나 같은 경우 누군가를 만난 뒤 그가 에너지 뱀파이어인지 아닌지는 거울 속 내 표정으로 확인된다. 에너지 뱀파이어를 만난 후의 내 얼굴은 10년 이상 더 늙어 보이거나 우울해 보인다. 내가 갖고 있던 불안이나 걱정을 에너지 뱀파이어가 증폭시켰기 때문이다.

"너 그렇게 살아도 괜찮겠어?"

"전에 그 일은 아직도 그 지경이야?"

"어떡하니?"

나를 위한 염려와 걱정으로 포장했지만 나의 불행으로 자신을 위안 삼으려는 것은 아닌지 알 수 없다. 반대로 긍정적이고 건강한 에너지를 가진 사람과 시간을 보냈으면 생기와 활기가 솟아나 피부에 윤기까지 돈다. 신기한 것은 이런 사람은 내게 무언가 실수를 해도 화가 나지 않는다. 그의 실수에는 아무런 나쁜 의도가 없었음을 절로 느낄 수가 있기 때문이다.

주디스 올로프 박사가 정리한 에너지 뱀파이어의 유형은 다음과 같다. 언제나 우는 소리를 늘어놓는 사람, 함부로 비난을 퍼붓는 사람, 연극배우처럼 자신의 현실을 극적으로 과장하는 사람, 자기 이야기만 하고 자기만 주목받으려는 사람, 남에게 끝도 없이 해결책을 요구하는 사람, 영혼 없이 사교적인 사람, 남의 약점을 들추고 공격하는 사람 등이다. 의외로 주변에서 흔히 볼 수 있지 않은가.

상대가 에너지 뱀파이어임을 알아차렸다면 어떻게 해야 할까.

대부분 그들은 당장 연을 끊을 수 없는 사람들일 것이다. 그러므로 알아서 스스로를 보호하는 방법이 가장 현실적이지 않을까 싶다. 그들이 하는 말에 굳이 집중하지 않고, 그들의 의견을 내 삶에 반영하지 말고, 내 계획 이상으로 친절을 베풀지 않는다.

한때 나는 나의 노력으로 이런 사람들을 바꿔놓을 수 있을 것이라고 믿었다. 하지만 그것은 착각이고 오만이었다. 그들은 자신들의 삶의 방식과 태도, 역할에 전혀 불만이 없었고 바꿀 의사도 없었다. 당사자가 바뀔 의지가 없는데 제3자가 할 수 있는 것이란 없었다. 그 대신 에너지 뱀파이어가 아닌 다른 좋은 사람들에게 관심을 집중하다 보면 이들은 내 삶에서 점점 밀려나게 될 것이다.

사람을 만나는 일은 즐거운 일이기도 하지만, 이처럼 시간과 에너지를 도둑맞는 일이 될 수도 있다. 내 삶이 소중하다면 이런 사람들로부터 내 삶을 보호하고 지키는 방법에 대해서도 알고 있어야 한다.

 저기요, 이건 제 시간과 에너지거든요! 함부로 가져가지 말아주세요!

거리를 두는 편이 나은 사람들

가까이하기엔 버거운 5가지 유형

누구에게든 유독 불편한 유형의 사람들이 있게 마련이다. 기질이나 궁합을 떠나 자신이 선호하지 않는 특정한 태도를 발견하게 되면 아, 이 사람과는 관계를 유지하기 힘들겠다는 판단이 내려진다. 이제부터 내가 쓰는 유형에 대해 '그게 뭐 그렇게까지 불편할까?' 하는 사람도 있겠지만 내 딴에는 심사숙고해서 정리한 것이다.

첫째, 습관적으로 나와 반대편에 서는 사람이다.

어린 시절에는 "나는 A가 좋아" 하면 작은언니는 "그래? 나는

B가 좋아" 하며 대립하곤 했다. 유치한 어린 시절의 치기 어린 놀이였다. 상대에 대한 공감이나 배려라는 것을 몰랐기에 가능했던 일이기도 하다.

그런데 사회에서 만난 성인이, 직장 동료가, 모임에서 만난 사람이 사사건건 나와 반대편에 서는 경우가 있다. 일을 위한 것이라면 더 나은 결과를 위한 다각적인 시선과 분석이라고 할 수 있겠지만 순전히 취향과 감상에 대해 매번 정반대의 주장이 튀어나오면 당혹스럽지 않을 수가 없다. 대화를 한다고 그 간극이 좁혀지지도 않는다. 이런 사람과는 그냥 그 거리를 유지하거나 멀어지는 편이 내 자존감을 위해 나을 것이다.

둘째, 자기에게만 특별대우를 기대하는 사람이다.

불미스러운 일을 저지르고도 탁월한 능력 때문에 그 일이 유야무야되는 일이 연예인들에게 종종 있는 것 같다. 연예인에 대한 강력한 호감 때문에 벌어지는 일이라고 보이는데 때론 현실에서 그런 특별대우를 태연하게 기대하는 사람들을 보게 된다. 자신의 배경이나 능력, 친분을 믿고 보통 사람은 받을 수 없는 특별대우, 특별사면(?)을 기대하는 사람은 결코 가까이하고 싶지 않다. 세상의 기본은 어디까지나 공평성이어야 한다고 믿는다.

셋째, 시간개념과 예의를 상실한 사람이다.

나는 약속시간에 대한 강박이 있다. 지금도 약속이 있으면 길게는 한 시간, 짧게는 20분이라도 미리 도착해야 마음이 편하다. 소개팅 장소에 여자는 10분 정도 늦게 가야 한다는 속설에 따라야 했을 때는 정말 많은 갈등을 느끼기도 했다. 내 인생에서 소개팅이 한 번도 성공하지 못했던 것은 아마도 소개팅 특유의 시간전략 자체가 나와 안 맞았기 때문이 아니었나 변명해본다.

또한 존댓말에 집착한다. 말을 놓을 경우 스스로 걷잡을 수 없이 풀어지는 것을 알기에 존댓말을 쓰는 것은 내가 일정 수준을 벗어나지 않도록 돕는 울타리 역할을 한다. 따라서 시간개념이 없거나 은근슬쩍 말을 놓는 사람과는 불편하다. 거리를 둘 수밖에 없다.

넷째, 부탁할 일이 있을 때만 연락하는 사람이다.

나도 지인이나 친구라고 해서 자주 연락하지는 않는다. 가끔 '아, 그 친구 지금 어떻게 지낼까?' 궁금해지면 연락을 해본다. 그런데 갑자기 연락해서 뭔가를 부탁하거나 정보를 캐거나 하는 사람이 있다. 인간인지라 서운한 마음이 불쑥 올라온다. 이런 사람의 연락을 받고 나면 책상 앞에 한동안 멍하니 앉아 있게 된다. 그동안 내가 잘못 산 것 같은 기분이 들어서다.

다섯째, 이유를 알 수 없지만 불편한 사람이다.

이 글을 쓰면서도 죄책감과 미안한 기분이 드는 것은 어쩔 수 없다. 심지어 상대는 선량하고 친절한 사람인데 내가 받아들이지 못하는 경우가 있다. 싫을 이유가 없는데 그냥 싫다. 나는 이런 심리에 대해 지인에게 토로한 적이 있는데 다행히 그들도 그런 경험이 있다고 말해주었다. 상대는 내게 최선의 모습을 보이려 하지만 나는 왠지 심드렁해진다. 반대로 누군가도 나에게서 이런 느낌을 받았을지 모른다. 이유 없이 갑자기 내 인생에서 멀어진 사람들! 당시에는 왜 저럴까? 내가 뭘 어쨌다고? 원망스러웠지만 이젠 이해해야만 할 것 같다. 그들도 그랬고 나도 그랬다. 이러한 불협화음에 대해서는 일일이 파헤치는 것보다는 덮어두거나 나중에 판단하기로 미룬다. 그때가 언제가 될지는 모르겠지만.

우리 관계는 여기까지인가 봐요. 이 거리를 지켜주세요.

모두가 나의 행복을 바라는 건 아니야

이아고는 왜 오셀로를 파괴했나?

고등학교 3학년 시절의 일이다. 그전까지 설렁설렁 공부하던 나는 고3이 되자 발등에 불이 떨어진 것 같았다. TV도, 책도 끊고 급하게 공부에 매달렸다. 그렇다보니 그전보다는 시험결과가 좋아졌던 모양이다. 나의 급작스러운 태세 전환에 대해 알 턱이 없었던 담임선생님은 놀라셨는지 교실로 들어오며 앞자리에 앉았던 내게 '오, 이번 시험 잘 봤던데?' 하고 웃으며 말을 거셨다. 나는 '네?' 하고 말았는데 옆자리 친구가 너무도 빠른 반응을 보여주었다. 화가 나서 어쩔 줄 모르겠다는 듯 자기 책상 위에 고개를 숙이고 엎드려버린 것이다. 나는 내

성적 소식보다는 그 친구의 반응에 더 깜짝 놀랐던 기억이 생생하다. 그러고 보면 사람이 다른 사람의 좋은 일에 진정으로 기뻐하기란 쉬운 일이 아닌 것 같다. 나는 어떤가?

　실은 나도 다른 사람의 좋은 소식에 곧바로 기뻐해주는 대신 '아, 뭐지? 잠깐만, 내 표정이 지금 괜찮은 건가?' 고민하다가 억지 미소를 지을 때가 종종 있다. 나는 아직 행복하지 못한데, 나는 아직 성공하지 못했는데 나와 가까운 사람이 행복해 보이고 성공한 것 같으면 조바심과 불안감이 생긴다. 이건 어쩌면 당연한 것이다. 고 3 시절 그 친구의 태도는 차라리 순진했다. 그 친구도 내가 선생님으로부터 칭찬을 듣는 모습을 보는 순간 곧바로 칭찬을 듣지 못하는 자신의 성적을 떠올렸을 것이고 그에 따른 상대적 좌절감을 느꼈던 것이다.

　그런데 이렇듯 굳이 자신의 처지와 남의 행복을 비교하지 않더라도 진심으로 남을 축복하는 일은 쉽지 않다. 이루어야 할 모든 꿈을 이룬 사람에게나 가능하지 않을까. 때론 그보다 더 안 좋은 일도 일어난다.

　조지 와인버그는 『셰익스피어에게 묻다』라는 책에서 이아고라는 캐릭터를 내세운다. 이아고는 『오셀로』에서 주인공 오셀로의 가까운 친구이자 부하이지만 오셀로의 불행을 위해 오셀로와 부인 데스데모나의 사이를 이간질한다. 결국 그 때문에 둘은 모두 죽는다. 그는 오셀로에게 무언가 원한이 있어서 복수하기 위해 그런 일을 저지른 것일까.

하지만 오셀로는 딱히 이아고에게 잘못한 것이 없다. 그 점이 무서운 것이다. 아무런 이유도 없이 그는 오셀로의 모든 것을 파괴했다. 그는 그저 오셀로가 행복해하는 모습을 보는 것이 불편했고 자신의 역량을 한 가정을 무너뜨리는 일에 쏟았다.

우리의 현실에도 이런 사람은 없지 않다. 앞에서 언급했던 에너지 뱀파이어는 그저 에너지를 빼앗아갈 뿐이지만 이아고적인 인물들은 적극적으로 나의 삶을 파괴시킨다는 점에서 더 무섭다. 그러고 보면 교묘한 방법으로 의붓자식을 학대하여 끝내 죽여버린 계모도 있었고, 결혼 후 행복하게 사는 친구가 부러워 친구와 그녀의 아기를 죽여버린 여자도 있었다. 이렇게 죽음으로까지 몰아가지는 않는다 하더라도 이아고처럼 우리의 평온한 삶을 파괴하려는 의지를 가진 사람이 우리 주변에 전혀 없다고는 누구도 장담할 수 없다.

이아고 같은 이들은 겉보기에는 차분하고 이성적이고 배려하는 사람처럼 여겨진다. 하지만 그들의 가치관은 뿌리 깊게 부정적이어서 타인의 행복은 물론 자신의 행복조차 받아들이기 힘들어한다. 같이 망하고 같이 죽겠다는 심보라고나 할까. 그들은 때로 세상일에 무심해하는 전략을 취하기도 한다. 하지만 그들의 속내는 세상에 대해 결코 무심하지 않다. 이는 곧 언제까지나 우리가 사는 세상에서 그들이 사라지지 않는다는 것을 뜻한다.

"설마요? 제 주변엔 그런 사람 없어요!"

이 글을 읽는 당신이 이런 항변을 해준다면 정말 다행이다. 하지만 모든 인간이 남의 행복에 대해 진심으로 기뻐하는 일은 어렵다는 것을 일단 받아들여야 한다. 앞에서는 웃으며 축하해준다고 해도 돌아서서는 우울해할지 모른다. 그러니 섣불리 자신의 성공이나 행복을 함부로 떠벌이지 않았으면 한다. SNS는 어느 틈에 자랑질의 공간이 되어버렸지만 그것으로 인한 폐해와 위험성에 대해 인지해야 한다. 심지어 가족조차 당신의 성공과 행복을 기뻐하지 못할 수도 있다.

나의 행복과 기쁨은 어차피 나의 일이다. 과시하거나 자랑하는 것을 삼간다고 해서 행복과 기쁨의 총량이 줄어들지는 않는다. 도

시의 밤, 아파트에 가득한 노란 불빛을 보면 세상은 고요한 행복이 이끌어가고 있음을 느낄 수 있다.

진짜 행복이란 이렇게 조용하게 그리고 따뜻하게 언제나 우리 곁에 있는 것이 아닐까.

나의 행복과 기쁨은 그 자체만으로도 행복과 기쁨이다.
요란하게 퍼뜨릴 필요는 없다.

두 얼굴의 사람들

당신 때문에 뒤통수가 아파요

나는 현재 의무적으로 들어야 하는 건강보험과 자동차보험 외에는 아무런 보험도 들어놓지 않은 상태다. 질병이나 상해에 대해서는 '에이, 설마 그런 일이?' 하는 심리가 발동하고 있기 때문이다. 그런데 가끔씩 '이런 보험이 있다면 어떨까' 하는 생각을 해보곤 한다. 그것은 바로 '두 얼굴을 가진 사람을 만났을 때의 충격'에 대비하는 보험이다. 그만큼 인간의 두 얼굴을 마주하는 것은 힘든 일이다.

가깝게는 수년간 거래했던 세탁소와의 사이에서 있었던 일이다. 주인아저씨의 온화한 표정 때문에 그리고 온갖 때와 땀이 묻은 옷을 맡긴다는 사실 때문에 나는 그곳을 가족처럼 생각하고 있었다. 남편의 안부를 묻고 농담을 하는 모습도 친밀하게 느껴졌다. 계산이 틀린다거나, 세탁하지 않은 채 옷을 돌려줄 것이라고는 상상도 못했다.

그런데 어느 날 인터넷 쇼핑몰에서 재고상품 중 마음에 드는 반코트를 저렴한 가격으로 3벌이나 구입하게 되었다. 도착하는 대로 나는 한 벌씩 드라이클리닝을 맡겼다.

처음 1번 코트를 맡겼을 때엔 가격이나 세탁 여부에 대해 의심을 품지 않았다. 그런데 2번 코트와 남편의 반코트를 같이 맡겼을 때 영수증을 보니 내 코트가 더 비싼 가격으로 책정되어 있었다. 비슷한 사이즈, 비슷한 재질인데 왜 다르지? 그때 의문이 생겼고 찾아온 2번 코트에서 드라이클리닝 세제 냄새가 전혀 나지 않는다는 것을 발견했다. 깜짝 놀라 1번 코트를 꺼내 확인했더니 마찬가지였다. 다림질만 새로 한 것 같았다.

시험하는 기분으로 3번 코트를 맡겼다. 지난번 금액보다 천 원이 더 비쌌다. 같은 옷에 대한 세탁비가 매번 달랐던 것이다. 그러고 보니 지난 수년 동안 영수증을 이렇게 상세히 들여다본 적이 없었다. 이따금 남편이 세탁이 안 된 것 같다고 불평했을 때에도 나는 그의 말을 일축했었다. 그냥 믿었던 것이다. 결국 3번 코트를 찾아오는 것을 마지막으로 나는 그곳과 거래를 끊었다. 하지만 지금도 그곳은 그 자리에 있고 그 앞을 지날 때마다 나는 피로감과 우울감을 느낀다.

멀게는 초등학교 동창 윤상이의 사건이 떠오른다. 윤상이는 몸이 약해 학교에는 거의 나오지 못했지만 워낙 영민해서 시험만 보면 성적이 좋았다. 웅변도 잘했다. "저는 지난 일요일에 아버지와 함께 용문사에 갔었습니다!"로 시작했던 그의 웅변과 목소리를 지금도 기억한다. 몸은 불편해도 당연히 좋은 대학을 갈 것이고, 훌륭한 사람이 될 것이라고 나는 믿었다. 그랬던 그가 중학생이되어 교사에 의해 유괴, 살해를 당했다.

경찰이 공개수사를 시작했을 때 그 교사는 태연하게 빨리 찾았으면 좋겠다고 수사기관에 부탁을 하고 가족들도 위로했다고 한다. 그의 두 얼굴이 경찰수사로 밝혀졌을 때 TV 뉴스를 통해 그 사실을 보게 된 나는 충격으로 며칠 밤을 설쳤다. 다른 사람도 아니고 선생님이 어떻게?

그때의 감정은 '세상에 믿을 사람 없다'는 한마디로 정리되지 않았다. 인간이 가진 순진한 희망이나 노력이 때로는 무의미할 수도 있다는 것의 거대한 증거처럼 다가왔다.

고결하고 숭고한 희생정신을 가졌을 것으로 기대되는 성직자 중에도 두 얼굴을 가진 분이 발견되었다. 개인적으로 알고 있던 그 분에 대한 소식을 뜬금없이 페이스북에서의 폭로로 그리고 인터넷 뉴스로 다시 한 번 확인하게 되었을 때 적지 않은 나이였음에도 심장이 쿵쾅거렸다. 내가 보고 느낀 모든 것이 가짜였다니…… 내가 사람 보는 눈이 있다고 생각했던 것은 나의 착각이었다. 나는 그 일로 인간과 신앙과 세상에 대해 다시 생각하게 되었다.

그렇다면 이런 사람들에게 속지 않으려면 어떻게 해야 할까. 너무 당연한 이야기지만 첫인상을 다 믿어서는 안 된다. 그리고 나의 눈도 100% 믿어서는 안 된다. 내 눈에 좋은 사람처럼 보이는 사람은 내가 좋은 각도에서만 바라보았기 때문이다.

자동차 운전을 할 때 사이드미러의 각도를 약간만 틀어도 그 거울 속으로 보이는 풍경이 엄청나게 바뀐다는 것을 알지 않는가. 내가 다른 위치, 다른 상황에서 보았더라면 상대의 모습은 또 다를 수 있었음을 잊지 말아야 한다. 따라서 상대의 위치, 직함, 역할과 인간 자체를 분리해서 보아야 한다.

한심한 것은 이런 일을 겪고도 여전히 나는 초면에 사람의 말을 믿는다. 웃는 표정을 다 믿고, 때로는 보이지도 않는 선의가 어딘가에 있을 것이라고 믿는다. 심지어 오늘은 없지만 내일은 있을지도 모른다고까지 생각한다. 이런 태도가 위험하다고 스스로 경계해야 하는 것이 씁쓸하지만 어쩔 수 없다.

나는 아무것도 알 수 없다. 당신에 대해서도. 심지어 내일의 나에 대해서도.

가족이라는 이름으로

그래서 더 특별한 우리의 관계

〈나 혼자 산다〉라는 TV 예능프로그램이 있다. 이 프로그램은 혼자 사는 연예인의 삶을 보여주며 대다수 1인 가구의 공감과 지지를 얻어내고 있다. 나 역시 이 프로그램이 시작되었을 무렵 '혼자' 살고 있었기에 프로그램에 관심을 갖게 되었다.

그런데 이 프로그램을 계속 보던 사람들은 이제 공통적으로 느끼는 것이 있을 것이다. 타이틀은 〈나 혼자 산다〉지만 출연진 누구도 진짜 홀로 살지는 않는다는 것. '혼자'가 상징하는 고독이나 독립성보다는 출연진이 모여 서로 화합하는 모습이 훨씬 더 많이 부각된다는 것. 그들은 남매처럼, 형제처럼, 또 자매처럼 서로를 위하고, 챙기고, 돕는다.

〈불타는 청춘〉이라는 프로그램도 마찬가지다. 〈나 혼자 산다〉 출연진보다 연령대는 좀더 위지만 그들도 다 혼자 사는 사람들이다. 그들은 주로 여행지의 오래된 한옥에 모여 저녁을 함께 해 먹고, 함께 자고, 일어나 아침을 또 함께 해 먹는다. 평소라면 혼자 저녁을 먹고, 혼자 자고, 혼자 아침을 먹든지 건너뛰었을 그들이 함께라는 이유로 일상의 따스함을 서로 나눈다. 이쯤 되면 이들은 친구라기보다는 가족이다. 그들은 양말이나 옷을 나누고, 각자의 식성을 기억하고, 각자의 약점은 덮어주고 장점을 키워주려고 노력한다. 새 출연자가 오면 나이를 묻고 나이가 어리면 당연하게 '막내'로 받아들인다.

연령대가 서로 다른 사람들로 모임이 만들어질 때 어쩔 수 없이 우리는 각자 가족의 구성원이 된 듯 행동하게 되는 것인지도 모르겠다. 물론 TV 프로그램에서는 가족 사이에 일어날 법한 갈등 상황까지는 표현되지 않겠지만 말이다. 우리가 최초로 겪게 되는 공동체인 가족의 모습은 어쩔 수 없이 우리 삶에 큰 영향을 끼친다.

불과 4, 5년 전까지는 나도 혼자 살았다.

어린 시절에는 부모님 밑에서 보호를 받은 것이 사실이었으나 아빠가 돌아가시고 언니들이 결혼하고 나도 독립하면서 우리 가족은 자연스럽게 분열, 해체되었다. 그런 후 내 안의 상처받은 기억들이 하나둘 수면 위로 떠올랐다. 사람이 불편했던 이유, 가족이라는 형태를 불신했던 이유 등을 가족관계 안에서 찾게 되었다. 그런 기억들을 내가 한꺼번에 쏟아낸 것이 『나쁜 엄마 심리학』이었다. 남아 선호 사상에 젖어 있던 엄마와 오빠를 무작정 이해하고 받아들이기 전에 나는 내 안의 슬픔과 상처를 다독여야 했다.

상처가 아물 즈음, 나는 지금의 남편을 만나며 새 가족을 이루었다. 그를 만난 것은 우연이었으나 결과적으로는 큰 운명의 줄기임을 느낀다. 때마침 2마리의 고양이도 입양하게 되어 나는 남편과 함께 단란한 4인(?) 가족이 되었다.

프랑스인인 남편과 나는 서로 배려하고 서로에게 좋은 가족이 되기 위해 노력한다. 가족끼리 뭐 어때? 가족인데 뭘 따져? 그런 말이 얼마나 폭력적이고 무책임한지 알기에 우리는 배려와 노력을 멈추지 않는다. 남편과 내가 하루에도 열두 번씩 주고받는 말, '싸바(Ca va? 괜찮아?)'에는 참 많은 것이 담겨 있다. 관심과 애정과 배려의 의지……. 서로가 서로에게 무례하고 지겨운 관계가 되지 않도록 우리는 노력하고 또 노력한다. 내가 남편을 부르면 그는 어차피 고양이의 사소한 재롱 때문임을 알아도 달려온다. 나역시 남편이 나를 부르면 그것이 휴대전화의 스팸이나 광고문자내용을 물어보는 것 때문임을 확신해도 일단 달려간다.

날 때부터 주어진 가족과 성인이 되어 내가 선택해 만난 가족은다르다. 주어진 쪽이 힘들었을수록 새 가족을 선택하는 것은 신중해야 한다. 하지만 더 중요한 것은 선택 이후다. 나름의 노력이 더해져야만 하는 것이다. 이것은 저절로 가족으로 살 때는 미처 깨닫지 못했던 것이다.

그래서인가. 제각각 가족의 일원처럼 일사불란하게 움직이는〈나 혼자 산다〉나 〈불타는 청춘〉의 출연진들을 보면 마음이 따뜻해진다. 그들이 각자의 가정을 굳이 꾸리지 않더라도 저렇게 한마음으로 모일 수 있는 자체가 행복한 가족의 모습 아닐까.

가족이니까 당연한 것은 없다. 가족이니까 더 조심하고 노력해야 한다.

나도 모르게 왕따가 되었을 때

깊이가 결여된 그들을 향한 대처법

직장을 그만두고 어떤 모임에 들어갔을 때였다. 그들의 웃는 얼굴과 친절한 말을 나는 액면 그대로 믿었다. 나는 이곳에서 꾸준히, 열심히 활동하리라 마음먹었다. 열심히 활동하겠다는 각오 뒤에는 당연히 모임의 사람들과도 잘 지내고 친해지고 싶다는 마음이 있었다. 그때 나는 많이 외롭고 기댈 데가 없었다. 그런데 시간이 지나도 도무지 친구가 생겨나질 않았다. 젊은 엄마들이 많은 그 모임에서 아이가 없던 나는 그들과의 거리를 좁힐 수가 없었다. 모두가 즐겁게 이야기하고 있는 공간에 들어섰을 때 마치 투명인간처럼 아무도 반기지 않고,

아무도 개의치 않는 것을 나는 여러 번 경험했다. 나 같으면 일부러 마음을 먹어도 실행하기 힘든 일이었지만 그들은 그런 행동이 아무렇지 않은 듯했다.

'이건 인간에 대한 예의가 아닌데……'

아이도 아닌 성인이 왕따의 느낌을 받고 그것을 견디는 것은 쉬운 일이 아니었다. 이런 것을 누구에게 하소연하며 위로를 받아야 하는 걸까. 그 자체가 너무 부끄러운 기분이었다.

요즘처럼 단톡방 내 커뮤니케이션이 중요한 시대에서 어느 지인은 내게 이런 경험을 들려주었다. 취직을 하면서 모임에 자주 못나가게 된 그는 대신 단톡방에 올라오는 소식은 빠짐없이 읽고 자기 의견도 올리곤 했다. 그런데 언제부터인가 자신이 올린 글에는 아무도 대꾸를 하지 않더라는 것이다. 다른 사람이 글을 올리면 답변이 이어지고, 자신이 한마디 하면 다시 정적이 흐르고…… 이 정도면 누가 보아도 단톡방 내 왕따현상이 아니냐며 지인은 허탈해했다. 나 역시 단톡방에 글을 올렸을 때 이모티콘이라도 달리지 않으면 불안해지는 성격이라 지인의 기분에 공감하지 않을 수 없었다.

이런 식의 왕따행위는 의외로 많은 곳에서 쉽게, 공공연히 일어난다. 눈에 띄는 가해나 공격이 아니니 가해자는 태연할 수 있고, 피해자도 딱히 항의할 여지가 없기 때문이다. 마치 보이지도 않고 증거도 남지 않는 독가스와 같다고나 할까.

내가 느낀 것이 그런 것이었다. 싸우기라도 했다면 어색한 공기가 당연한 것인데 아무 일도 없었음에도 싸늘한 기운이 감도는 것은 더 견디기가 힘들었다. 그렇다고 내가 "도대체 나한테 왜 그래요?"라고 물어본들 돌아올 답은 뻔했다. "네? 저희가 뭐요? 저희는 아무것도 안 했는데요?"

어떤 이유에서든 이런 상황에서 우선 인정해야 할 것은 이것도 일종의 공격이고, 나는 공격을 받았다는 것이다. 나의 경우는 맥없이 그 모임을 나왔지만 이제는 생각이 바뀌었다. 모임의 구성원 전부가 나를 싫어하고 왕따를 주동하는 것이 아니라면, 일부가 그런 행동을 하는 것이라면 나는 나의 방식대로 계속 존재하는 것을 택할 것이다. 이때 굳이 왕따 주동자들과 친해지려는 노력은 하지 않는 것이 낫다. 나에 대해 호감이 없는 사람들과 친해지는 비법이란 없다. 그들이 그랬듯이 나도 그들을 그저 깔끔하게, 하얀 백지처럼 무시해주는 수밖에. 대신 나의 에너지는 정상적인 사람들에게만 집중할 것이다.

사실 멀쩡한 성인을 이유 없이 왕따시키는 사람들은 어디에서 든 혼자서는 살 수 없는 약하고 불행한 사람들이다. 자신이 혼자서 버틸 수 없으니 다른 사람을 홀로 두는 방식으로 고통을 주려고 하는 것이다. 그런 유치한 행동에 휘둘리는 것은 스스로 생각해도 한심한 일이다.

무라카미 하루키의 단편소설 중 『침묵』이라는 작품이 있다. 주인공 오사와는 학창시절 자신에 대해 나쁜 소문(컨닝, 폭행)을 퍼뜨린 라이벌 때문에 반 친구들 모두로부터 왕따를 당하게 된다. 아무도 그에게 말을 걸지 않고 피하기만 한다. 당연히 오사와는 그 일을 주동한 라이벌에 대한 증오로 불타오르고 모두에게 사실은 그게 아니라고 해명하고 싶어 견딜 수 없어 한다.

그러던 어느 날 오사와는 우연히 지하철에서 라이벌 친구와 마주친 후 이런 사실을 깨닫는다. 어떤 종류의 '인간'에게는 깊이라는 것이 결여되어 있어서 고작 타인을 괴롭히고 모함하는 일에서 승리감과 쾌감을 느끼기도 한다는 것을. 얼마나 한심하면, 얼마나 얄팍하면 고작 이런 일에 행복해한다는 말인가. 세상에는 의미와 깊이 있는 일이 얼마나 많은데! 그 깨달음 이후 오사와는 남은 학기를 굳건히, 홀로 견디어낼 수 있었다. 자신은 그런 얄팍한 인간들과 다르다는 자부심으로 말이다.

누군가 당신을 왕따시킨다면 그저 이렇게 생각해보라. 겨우 이정도 일에 기뻐하는 인간들에게 질 수는 없다고. 그리고 내 인내심은 저들의 비겁함보다 훨씬 강하다고.

혼자서 버티는 것은 어렵지 않다.
왕따를 의식하는 대신 더 의미 있는 일에 몰두하자.

센스 있는 사람들은 이렇다. 조금 더 생각하고, 조금 더 배려하고, 조금 더 인내한다. 누구를 만나더라도 그렇게 행동한다. 그것이 그들의 자아존중감을 훼손하거나 품위를 떨어뜨리지 못한다. 자신의 주변에 있는 사람들은 모두 자신의 일부이고, 그만큼 소중하다고 생각하기 때문이다. 소중한 사람들을 위해 자신을 내어주는 일은 결코 손해 보는 일이 아니다. 아주 작고 사소한 배려도 관계에서는 그 결과가 놀랍게 달라질 수 있다.

4장

관계 맺기에
정답은
없지만

아무리 보아도
보이지 않는 것들

우리는 모두 다른 위치에 있다

한때 큰언니네 카페에서 알바를 한 적이 있다. 커피머신으로 아메리카노를 비롯한 각종 커피 음료 만드는 것을 배우고 과일과 얼음을 갈아내는 스무디 만드는 것도 배웠다. 서툴지만 카푸치노 거품 내는 것도, POS로 계산하는 것도 배웠다. 그런데 가장 많이 배운 것은, 세상에는 참 다양한 사람이 있다는 사실이었다.

귀엽고 인상 좋은 몽골 출신 여대생이 처음 서빙 알바로 왔다. 우리는 함께 팀워크를 이루어 일해야 했다. 며칠은 정말 서로 즐겁게 일했다. 그런데 어느 날 손님에게 나가야 할 음료와 음식이 나왔는데도 그녀가 태평하게 선반을 닦고 있었다. 나는 다른 손님의 주문을 받고 있었기에 그녀를 불렀다.

"뭐해? 이거 나가야지!"

내 말에 그녀는 돌아서서 갑자기 눈꼬리를 올리며 이렇게 말했다.

"이게 제가 할 일이에요!"

단호한 말투와 시선이었다. 그녀는 아마도 내가 자신과 동급인 알바생이니 이래라 저래라 할 권한이 없다고 생각한 듯했다. 그녀의 시선에서는 내가 참 유하고 만만해 보였을지도 모를 일이다. 그렇지만 설령 내가 그녀보다 후배였다고 해도 손님에게 음식 나가는 일은 선반 닦는 일보다 중요했다.

결국 사장님에게만 잘 보이면 되고, 같은 알바생은 기로 누르면 된다고 믿었던 그녀는 사장님 동생인 나의 밀고(?)로 가게를 떠나야 했다. 걱정은 되지 않았다. 그녀는 워낙 야무져서 금방 어디에서든 일자리를 찾았을 것이다.

그녀의 빈자리를 채우기 위해 새 알바생을 구하면서 이번에는 내가 직접 면접을 보기로 했다. 꽤 아름다운 외모의 한국인 여대생이었다. 시급이나 근무시간을 이야기했더니 다 좋다며 내일부터 근무하겠다고 했다. 나는 안심했다. 그러나 다음날 그녀는 오지 않았다. 전화를 걸어도 받지 않았다. 그녀 이후 또 다른 프랑스 소녀가 비슷한 행동을 했다. 귀엽고 환한 표정으로 '오케이' 하고는 잠수를 탔다. 이유는 알 수 없었다.

알바생 하나 구하는 것이 뭐 그리 어려울까 생각했던 나는 애가 타기 시작했다. 결국 키가 크고 늘씬한 핀란드 출신 교환학생이 약속을 지키고 출근해주었다. 바람맞히지 않고 와준 것만으로도 고마웠지만 그렇다고 단점이 없는 것은 아니었다. 언제나 재잘거리는 그녀의 장단에 맞추다가 나는 넋을 놓아버리곤 했다. 그랬다가 사장님인 큰언니에게 내가 혼나기도 했다. 어쨌거나 정말 쉽지 않았다.

장강명의 단편소설 『알바생 자르기』에는 알바생의 고충뿐만 아니라 중간관리자의 이러한 난처함이 고스란히 드러난다. 회사의 정규직 직원 은영은 과장의 대리로 혜미라는 알바생을 관리하게 된다. 혜미는 싹싹하지도 않고 눈치도 부족하다. 하지만 가정형편이 어려워 보이는 그녀에 대해 은영은 동정심을 품고 있었다. 그러다가 계속 실수가 이어지는 혜미에 대해 회사 내에서 안 좋은 의견이 나오면서 갈등이 불거진다. 혜미는 퇴직금과 4대 보험을 언급하면서 계산적인 모습을 보이고 그때 은영은 문득 정나미가 떨어지는 느낌을 받는 것이다. 자기에게 내가 어떻게 했는데? 공사를 구분하지 못할수록 냉정할 때 냉정하지 못하고, 너그러워야 할 때 너그럽지 못하다. 마침내 은영의 머릿속에서 혜미는 수많은 알바를 거친 '선수'이고 순진한 상사의 뒤통수를 칠 수 있는 '악마'로까지 전이된다.

쓸쓸하지만 은영의 입장도, 혜미의 사정도 이해가 간다. 나는 은영이기도 했고 혜미이기도 했으니까. 유능하든 무능하든, 관계가 좋든 나쁘든 알바생들은 결국 떠나가게 마련임을 깨달을 즈음, 나도 그곳 일을 그만두었다.

그전까지는 카페 일이라고 하면 언제나 손님과 주인만을 떠올렸다. 그런데 그곳에는 수없이 페달을 밟아대는 알바생들이 있었다. 그들은 수시로 교체될 수 있는 존재지만 없어서는 안 되는 존재기도 했다. 그들은 다른 얼굴이지만 같은 얼굴이기도 했고 공간을 채우는 젊은 에너지면서 또 가장 아프고 피곤한 세대의 모습이기도 했다.

아무 죄 없이 셰프의 벼락같은 짜증을 들어내야 했던 한 알바생을 그때 충분히 위로하지 못했던 것이 미안하다. 하지만 그 셰프도, 그 셰프를 고용한 큰언니도 각자의 사정이 있었다. 다만 그때는 보이지 않았을 뿐이다.

은영의 입장에서는 혜미가 보이지 않고, 혜미의 입장에서는 은영이 보이지 않는다. 아무리 보아도 보이지 않는 것들이 세상에는 있다는 것, 그래, 그것도 내가 배운 것이다.

모두가 다른 입장에 서서 전혀 다른 세상을 본다.
그것을 이해해야 사람이 이해된다.

얼굴보다
신경 써야 할 것

목소리는 의외로 중요하다

최근 한국 영화를 볼 때면 문득문득 갑갑함을 느끼곤 한다. 방금 저 배우가 뭐라고 했지? 어라, 지금 이 배우도 무어라 웅얼거렸는데 왜 안 들리지? 내 청력을 의심하고 있는데 그 와중에 노년 배우의 목소리는 쩌렁쩌렁하고 분명하게 귀에 와서 꽂힌다. 그러고 보면 내 청력이 문제가 아니라 배우들의 편차 같다. 그 노년 배우는 평생 연극무대와 스크린을 오갔던 사람이긴 했다. 발성에 관해서는 그 누구보다 훈련과 연습을 많이 했을 것이다. 아무리 그래도 70대 배우의 대사전달 능력을 3, 40대 배우들이 못 따라간다는 것은 참 안타까운 일이다. 또 다른 남자 배우도 선량한 인상으로 누구에게나 호감을 불러일으키지만 그가 드라마나 영화에 출연하면 시청자와 관람객을 늘 수수께끼에 빠뜨리곤 한다.

"그 장면에서 그 배우가 뭐라고 했는지 들으신 분?"

이런 질문이 방송 후 커뮤니티 게시판에 올라온다. 난감한 것은 제각각 다르게 들어 여러 개의 답이 튀어나온다는 것. 이쯤 되면 배우에게 있어 중요한 것은 얼굴만이 아니라 목소리와 발음, 대사 전달력이 아닌가 하는 생각이 든다.

이런 글을 쓰는 나도 사실은 발음이나 전달력에 대해서는 할 말이 없다. 그 베이스가 되는 목소리가 푹 잠겨 있거나 갈라질 때가 많다. 내가 무슨 말을 하면 80%의 확률로 상대방은 "네?" 하고 되묻는 반응을 보인다.

부끄럽지만 전직 아나운서가 운영하는 스피치 학원에도 다닌 적이 있다. 그러나 목표가 아나운서도 아니고 TV 출연도 아니다 보니 절실함이 없었다. 결국 한 달 만에 그만두었다. 그때 나는 주로 큰 소리로 글을 읽으며 이것이 유일한 훈련 방법이라고 믿었다. 그런데 이렇게 목을 쓰다 보면 목만 지치고 피로해진다. 이제 깨달은 것은 목소리는 목에서만 나오는 것이 아니라 오장육부 전체의 건강함에서 비롯된다는 것이다. 『5분 만에 목소리가 좋아지는 책』에서는 목소리를 만드는 요인을 다음과 같이 꼽았다.

-목, 입, 입술, 코, 턱, 뺨, 표정근, 두개골, 기관, 폐, 복부

이 많은 부위를 지나서 혹은 공명해서 한 인간의 목소리가 결정되고 또 목, 혀, 입술, 턱, 표정근의 5가지가 정확한 발음을 만드는데 기여한다. 목이라는 기관 하나에서 툭 나오는 것이 아니라는이야기다. 결국 꾸준히 운동을 해서 전신을 단련하고 위에 언급한5가지 부위를 대화할 때 적극적으로 움직여야 한다.

가장 중요한 것은 자기 목소리로 이야기하는 것이다. 언젠가 한교수님으로부터 내 목소리가 진짜 목소리가 아닌 가성 같다는 지적을 받았다. 그때 나는 내 진짜 목소리는 굵고 낮으니까 가성을내야 여자답고 부드러운 느낌을 줄 것이라고 생각했던 모양이다.하지만 듣는 사람 입장에서는 굵든, 가늘든 상대의 진짜 목소리가더 편한 법이다.

그렇다면 나는 꾸준히 운동을 하며 전신을 단련하고 있는가? 실

은 여전히 제자리걸음에 가깝다. 운동은 마음뿐이다. 성미만 급해 여전히 빠르게 말하려는 습관도 있다. 알면서도 잘 되지 않는 것이다. 그나마 다행인 것은 '내 목소리가 어때서? 내 발음이 어때서?' 하는 뻔뻔함은 없다는 것이다. 좀더 겸허하게 내 상황을 받아들이고 노력하려는 의지는 있다는 것. 말을 시작하기 전 한 번 더 생각하고, '네? 잘 못 들었는데요?' 하는 반응에 발끈하지 않으려고 노력한다. 정말 언젠가는 열심히 운동하고 폐활량도 늘리고 좀더 천천히 말하게 될 날이 오지 않을까.

문제는 사적인 관계가 아닌 공적인 상황, 즉 좋은 영화나 드라마에 등장하면서 자기만의 말투로 휘뚜루마뚜루 대사를 뱉어버리는 분들이다. 어떤 상황인지 개인적으로 이해는 하지만 그래도 조금은 더 신경을 써주길, 조금 더 노력해주길 부탁드린다.

예쁜 목소리보다 잘 들리는 목소리가 좋다. 당신을 더 잘 이해하기 위해서.

다시
사랑할 수 있을까?

사랑은 언제나 그 자리에 있다

꽤 오랫동안 남자를 만나지 않았던 시절이 있었다. 누군가 소개를 해준다고 했는데 약속시간에 임박해서 도망치기도 했다. 그랬던 내가 마음을 고쳐먹게 된 것은 외국인 친구 덕분이다.

어린 시절 잡지를 보면 해외 펜팔이라는 것을 소개해준다는 광고가 있었다. 잇몸을 만개하며 웃고 있는 외국인 친구들의 사진을 보며 호기심을 느낄 무렵, 작은언니가 '우리도 한번 해볼래?' 하고 제안했다. 아마 둘 다 중학생 시절이었을 것이다.

"어쨌든 영어공부에 도움이 되지 않겠니?"

모범생 언니에게는 확실한 목표의식이 있었다. 그렇게 간 펜팔 협회를 통해 나는 독일의 북부 소도시에 살던 하랄드Harald를 소개 받았다. 나처럼 영어가 외국어인 그는 나처럼 문법과 스펠링에 신 경 쓴 티가 나는 편지를 보내왔다. 내가 편지 곳곳에 남긴 질문들 에는 하나하나 번호를 매겨서 정성스럽게 답을 했다. 나도 그랬지 만 그도 참 정확하고 규칙적인 삶을 좋아하는 것 같았다. 그런 면 에서 신뢰를 느끼며 우리는 꽤 오래 편지를 교환했다. 하지만 내 가 고 3이 되면서 나는 그에게 작별을 고해야 했다. 그는 너의 입 장을 이해한다는 답을 보내왔다. 대학에 가면 다시 편지를 하겠다 는 약속을 내가 했었던가? 그건 기억나지 않는다. 대학에 가면서 나는 그를 까맣게 잊었다.

앞에서 이야기했듯이 페이스북이 등장한 뒤에야 그와 다시 연 락이 되었다. 편지 대신 이메일, 이메일 대신 스카이프로 매체가 바뀌었지만. 프랑크푸르트의 은행에 근무하며 근처 소도시에서 아내, 두 아이와 함께 살던 그는 내게 집으로 놀러오라고 종용했 다. 그때 싱글이던 나는 비용도 걱정되고 불편함도 우려되어 계속 사양했다. 하지만 그의 집요함에는 끝이 없었다. 도대체 왜 안 되느냐는 말에 내가 할 말이 없었다. 결국 어느 크리스마스 당일 저녁 나는 프랑크푸르트 공항에 도착했다.

"진짜 왔네?"

그는 친숙한 표정으로 웃었다. 데미 무어를 닮은 그의 아내 에리카와 사춘기에 접어든 두 아이들도 나를 집에서 반겼다. 하랄드 가족과 나는 함께 남쪽 지방으로 여행을 떠났다. 뮌헨도 방문하고 오스트리아의 잘츠부르크에서의 음악회를 보기 위해 국경도 넘었다. 꿈같은 날들이 지나고 서울로 돌아오기 전날 저녁, 하랄드는 마지막으로 개를 데리고 산책을 하자는 제안을 내게 했다. 우리는 그동안 한 번도 가지 않았던 흙길을 따라 걸었다. 그 길의 끝에는 작은 교회가 있었다. 그는 교회를 가리키며 크리스마스 일주일 전 혼자 이곳에 와서 기도를 했다고 했다. 나는 깜짝 놀랐다.

"네가? 교회 안 다닌다고 했잖아."

"그래도 1년에 한 번은 우리 가족을 위해 기도해."

2주의 시간 동안 내가 본 것에 그의 그 말 한마디가 더해져 내 마음의 빗장이 열렸다.

'아, 세상에는 사랑이라는 게 있구나. 존재하는구나.'

그때까지 나는 부부간의 애정이라는 것에 대한 불신이 깊었다. 나는 하랄드와 에리카가 사이좋게 지내는 것도 '손님이 와 있으니까 노력하는 것이겠지' 정도로 폄하했다. 그런데 아니었다. 다 큰 성인 남자가 아무도 모르게 작은 교회에 와서 간절히 기도할 정도의 단단한 애정이 그들의 가정을 떠받치고 있었다.

행복한 가정의 실제 모델을 그렇게 가까이에서 본 것은 내 인생에 아주 긍정적인 영향을 미쳤다. 독일에서 돌아온 후 나는 자연스럽게 내가 바라는 가정의 모습을 꿈꿀 수 있게 되었다. 그리고 마침내 이루었다. 다시 사랑하게 되었다. 에리카가 내게 강력히 추천해주었던 고양이 2마리까지 포함해서 말이다.

그들은 이후 서울의 우리 집으로 답방을 왔었고 올해 두 번째 방문이 예정되어 있다. 그들은 나와 내 남편과의 우정을 오래 지켜갈 각오를 한 것 같다. 어린 시절의 작은 인연을 지켜낸 나도 기특하고, 그 먼 곳에서 날 잊지 않은 그 친구도 고맙다.

현실적이 되어봐. 그건 언제나 불가능한 것을 바라는 거야. -파울로 코엘료

예의는
최상의 방책

좋은 매너는 성형수술보다 효과적이다

일본 정부가 하는 짓은 정말 꽤 씸하지만 여행지로서의 일본은 미워하기가 힘들다. 그 이유는 무엇보다도 그들의 싹싹한 접객 문화 때문이 아닐까 싶다. 일본에 갈 때면 늘 혼자였는데 그 외로움을 배가시켰을 만한 나쁜 기억이 없다. 길을 잃었을 때 먼저 다가와서 호텔 방향을 알려주던 아주머니, 서툰 일본어로 길을 물어보자 알아서 서툰 영어로 답을 해주던 청년, 다음 역에서 기차가 분리되는 것을 다가와서 알려주던 직원 등은 특별히 겪은 친절이었다고 쳐도, 어쨌거나 어디를 가든 상식적인 예의가 존재한다는 느낌이었다.

우리나라가 일본을 능가하는 관광 선진국이 되려면 이처럼 전 사회적으로 예의와 매너를 장착하는 것이 필요하지 않을까 싶다. 그런데 아직도 종종 아쉬운 점이 눈에 띈다.

언제부터인가 카페에서 커피를 손님에게 가져다주거나 건넬 때 당당히 한 손만 쓴다. 식당에서도 음식 그릇을 한 손으로 툭 놓고 간다. 단순히 기분 때문만이 아니라 서로의 안전을 위해서도 두 손을 사용하는 편이 훨씬 나을 텐데 말이다. 혹시 두 손을 사용하는 것을 지나친 친절 혹은 비굴함이라고 여기는 걸까. 반대로 손님이 빈 컵을 직원에게 한 손으로 건넨다면 그 컵을 받아서 씻어야 하는 직원 입장에서도 기분이 좋지 않을 것 같다. 서로 기분 좋게 손님이든 직원이든 두 손으로 주고, 두 손으로 받으면 안 되는 걸까.

나는 아무리 나이가 어린 사람이어도, 때론 동갑이어도 말을 놓지 않는 것을 원칙으로 하고 있다. 처음에는 상대를 위해서 존댓말을 썼는데 이제는 내가 편해서 존댓말을 쓴다. 존댓말을 쓰는 한 서로의 거리가 무너질까 걱정할 필요가 없기 때문이다. 물론 어릴 때 자주 만났던 사이인 경우에는 반말을 쓴다. 그래서 간혹 후배를 오랜만에 만날 경우, 과거에 서로 주고받았던 문자를 열어

보고 확인한다. 내가 반말을 보낸 흔적이 있으면 반말을 하고, 내가 존댓말을 했었으면 그 존댓말을 계속 지킨다. 시간이 흘렀다고, 좀더 친해졌다고 갑자기 말을 놓는 것은 나로서는 이해가 가지 않는 일 중의 하나다. 왜 그래야 하는 걸까.

당황스러운 것은 나는 이렇게 존댓말이 편하고 존댓말을 계속 지킬 생각을 하고 있는데 상대가 호시탐탐 그것을 무너뜨릴 기회를 엿보는 것이다. 실수인지 뭔지 연속해서 반말이 나온다. 뭐야? 상대는 반말을 하는데 나만 존댓말을 하는 건 기분이 나빠 가끔은 나도 반말로 받아칠까 고민할 때도 있다. 하지만 인간 대 인간, 성인 대 성인으로서 앞으로 무탈한 관계를 이어나갈 생각을 하면 가벼운 반말보다는 약간의 무게가 있는 존댓말이 훨씬 낫다고 믿기 때문에 나는 다시 존댓말로 이어간다. 제발 서로 반말하는 관계를 맺고 싶은 분은 상대방에게 먼저 양해를 구한 뒤 반말을 해도 했으면 좋겠다.

하나 더, 약속 시간은 항상 10분 이상 일찍 도착하려고 노력한다. 낯선 동네라면 한 시간 정도는 더 일찍 가서 주변을 탐색하기도 한다. 시간에 촉박해서 달려가 이런저런 변명을 늘어놓거나 나

때문에 일정 전체가 늦추어지는 일은 정말 싫다.

최근에 일로 만난 어떤 상대가 약속 시간에 10분 정도 늦게 왔다. 내가 당황스러웠던 것은 상대는 자신이 10분 늦은 것에 대해 전혀 사과하지 않았다는 사실이다. '이 정도 늦는 것은 서울 시내에서는 일상다반사 아닌가요?' 하는 표정으로 아무렇지 않게 내 앞에 앉았다. 그 모습이 참 놀라웠다. 이 정도는 괜찮겠지, 중요한 일인데 당연히 기다려주겠지 하는 식으로 적당히 뭉개는 것은 의외로 위험한 일이다. 상대가 앞에서 대놓고 항의를 해주면 차라리 고마운 일이다. 자신이 무엇을 잘못했는지 깨달을 수 있을 테니까. 하지만 그 정도로 애정을 갖고 가르침을 주는 사람은 흔하지 않다. 대부분은 그냥 '아, 이런 사람과는 함께 일하면 안 되겠구나' 하고 말없이 피한다.

예의가 그다지 강조되지 않는 사회가 되었다. 그러나 그럴수록 관계를 공고히 구축하는 데 예의만 한 것이 없다. 홀로 예의를 지킬수록 더욱더 빛이 나는 사람이 될 것이다.

존댓말에 반말로 응대하는 당신! 그 한마디에 많은 것을 잃을 수 있어요.

거리가 있어야 매력이 있다

아직도 알아갈 게 많은 내 사랑

내 남편은 프랑스인이다. 물론 국적보다 중요한 것은 개인의 성정이겠지만 남편이 외국인이어서 좋은 점이 무엇이냐고 누군가 묻는다면 나는 이렇게 답변할 준비가 되어 있다.

"그가 내 일기장을 봐도 내용을 알 수 없다는 것."

진심이다. 한국어학당을 한 달 다니다가 포기한 전력이 있는 남편은 한국어를 떠듬떠듬 읽을 수는 있지만 내용까지는 전혀 모른다. 참 고마운 일이다.

요즘은 외국인들 중에 한국어를 유창하게 잘하는 사람들이 많다. 아주 오래전 친구 소개로 스위스에서 한국으로 유학 온 남자를 만난 적이 있었는데 그도 한국어가 유창했다. 하지만 그의 능숙한 한국어는 우리의 관계에 있어 오히려 마이너스였다. 나는 생활영어를 배워볼까 하고 그를 소개받았는데 그의 앞에서는 영어를 써볼 기회가 없었다. 결국 두 번 만에 우리는 만남을 끝냈다. 나는 지금도 외국인이면 그냥 외국인답게 한국어에 서툰 편이 낫다고 생각한다. 그 편이 더 '외국인'다운 매력이 있다고나 할까.

특히 나와 같은 방을 쓰는 남자가 내 모든 것이 담긴 일기장을 보아도 상관없고, 그것이 신경 쓰이지 않는다는 것은 참 다행스러운 일이다. 그가 한글을 읽을 수 있고 이해할 수 있었다면 어쩔 수 없이 남편을 의식한 글과 메모를 남겨야 했을 것이다. 하지만 나는 다이어리든 노트든 펼쳐놓고 아무 글이나 쓸 수 있는 것이다. 완성되기 전의 한심한 글도, 퇴고 전의 부끄러운 글도…….

서로가 공평하게 서툰 외국어인 영어로만 띄엄띄엄 의사소통을 해도 사는 데 별 불편이 없다. 남편은 내가 영어 단어를 떠올리려고 애를 쓰고 있노라면 내가 말하려던 바로 그 단어를 정확히 찾아내 알려 준다. 심지어 그것이 자신에게 불리할지라도. 이 정도의 거리, 결코 좁혀질 수 없는 이 거리가 딱 좋다.

남편이 친구들과 나누는 대화에 아예 귀를 닫을 수 있는 것도 좋다. 내 성격에 조금이라도 거슬리는 내용이 있으면 나는 참견을 금치 못했을 것이다. 예전의 애인들과 불화가 잦았던 것은 그들의 말에 담긴 뉘앙스에 내가 유난히 예민했던 탓도 있었다.

"방금 그거 나 들으라고 한 말이야?"

"그 친구의 그런 천박한 농담에 왜 동조하는 거야?"

하지만 남편과 친구들의 프랑스어 대화에는 아예 접근이 되지 않으니 엿들을 이유도 없고, 참견할 수도 없다. 내가 친구나 가족과 전화통화를 할 때도 마찬가지다. 남편에 대한 칭찬을 하든, 흉을 보든 자유롭다. 자기 이름이 대화 속에 언급되면 눈을 찡긋하지만, 그뿐이다. 이 거리가 유지되고 프라이버시가 지켜지는 것만으로도 우리로서는 다툴 일이 상당히 줄어든 것이다.

물론 아쉬운 점은 있다. 내가 보는 TV 프로그램의 재미 요소를 일일이 번역해주어야 한다는 것. 그래서 늘 다른 타이밍에 웃을 수밖에 없다는 것. 또한 조금 더 디테일한 내 감정을 표현하고 싶은데 입만 벙긋벙긋하다가 포기해야 할 때가 너무 많다는 것. 그럴 때면 '아, 그냥 한국어로 다 말하고 싶다'는 욕망이 확 끓어오르기도 한다. 남편도 그런 답답함을 느끼는지 가끔은 내게 프랑스어를 다다다 쏟아낼 때가 있다. 그럴 땐 나는 담담한 표정으로 이렇게 답을 한다.

"그렇게 말씀하시면 제가 전혀 못 알아듣지 않습니까, 아저씨!"

물론 한국어다. 그제야 남편은 자신이 모국어를 써버렸음을 깨닫고 씩 웃는다. 우리가 좀더 젊었을 때 만났더라면 서로의 언어를 배웠을지도 모르겠다. 하지만 이 거리의 미학, 그리 나쁘지 않다. 비록 게으른 커플이지만 우리는 언어보다는 눈빛이, 그리고 진심어린 배려가 더 중요하다는 것 하나는 잘 알고 있으니까.

> 가끔은 대화보다 침묵을 나누는 사이가 되어야 한다. 그 침묵은 고독과는 다르다.

잘 들어주는 사람은 정말 드물다

'그래서 어떻게 되었어요?'의 마법

언젠가 홍대 앞 카페에서 지인을 만나 대화를 한 적이 있었다. 같은 직장에서 일했던 동료였지만 아주 친한 사이는 아니었다. 그날도 그저 오랜만에 만나 서로 어떻게 지냈느냐는 말로 대화를 시작했을 뿐이다. 그런데 두어 시간 지났을 무렵, 나는 그녀에게서 엄청난 편안함과 고마움을 느끼고 있었다. 그날따라 그녀는 내가 하는 이야기를 주로 듣기만 하면서 '그랬군요.' '저런, 그래서 어떻게 되었어요?' 하는 식으로 맞장구를 쳐주었던 것이다.

내가 그날의 일을 '따로' 특별하게 기억하고 있는 것은 그것이 그녀의 평소 스타일은 아니었기 때문이다. 나 역시도 평소 내 모습은 아니었다. 대화할 때는 철저히 '주고받아야' 한다는 신조가 내겐 있었다. 아니, 대부분은 듣는 편이다. 그런데 이상하게 그날은 방심했었고, 그렇게 일방적으로 내 이야기만 한 경험, 그래서 너무 속이 후련했던 경험은 내 인생에서 전무후무했던 것이다.

그날 이후 그녀에게서 그런 모습과 자세는 다시 볼 수 없었다. 나는 '혹시나, 이번에 또?' 하는 기대를 가져보기도 했지만 말이다. 그날의 일은 아주 우연한 해프닝 같았다. 그만큼 남의 이야기에 몰입하여 귀를 기울여주는 일은 정신과 의사가 아닌 이상 쉽지 않은 것이다. 대부분의 사람들은 상대의 이야기를 건성으로 듣다가 얼른 자기 이야기를 하려고 한다. 그게 나쁘다기보다 자연스럽고 일반적인 현상이다.

가끔 여러 패널들이 나오는 TV 프로그램을 보아도 그렇다. 제각각 자기 말만 하고 남의 말은 듣지 않는다. MC 역할을 하는 사람조차 패널의 이야기를 끝까지 들어주지 못하고 이렇게 끊기 일쑤다.

"네네, 알겠습니다. 여기까지 하지요."

시청자 입장에서는 그 패널이 어떤 이야기를 하려고 했는지 끝까지 듣고 싶지만 언제나 저런 식으로 흘러간다.

사실 나는 남의 이야기를 들어주는 데 특화되었던 사람이다. 무엇이든 재미있는 이야기에는 귀가 솔깃해지는 터라 이미 알고 있는 내 이야기를 하는 것보다는 내가 몰랐던 상대방의 이야기를 듣는 편이 훨씬 흥미로웠다. 앞의 지인이 말했던 '그래서요?' '저런, 그래서 어떻게 되었는데요?' 같은 말은 나의 단골 멘트였다.

그런데 언제부터인가 거의 모든 사람들이 내 앞에만 오면 자기 이야기를 쏟아놓는다는 것을 느끼게 되었다. 나쁘게 말하면 나를 감정의 쓰레기통으로 여긴다고나 할까. 그것을 깨닫는 순간, 너무 피곤하고 또 서운해졌다. '왜 나만 이야기를 듣고 있어줘야 하지?' 심지어 재미가 하나도 없는 개인의 희로애락 감정변화 전력까지 말이다.

그러고 보니 언젠가 자기도 모르게 주변의 고민 상담을 자주 하게 된다던 여류 소설가에게 '저도 한 번······'이라고 말을 붙였다가 그녀가 순간 내 말을 못 들은 척하는 것을 본 적이 있다. 그 이상한 반응을 이제는 이해할 수 있을 것 같다. 황인숙의 '강'이라는 시에서처럼 '자신이 얼마나 외로운지, 얼마나 괴로운지' 굳이 다른 사람에게 토로할 필요가 있을까 싶다.

그렇지만 가끔 그 홍대 카페에서의 우연한 해프닝을 떠올리면 내내 아쉽기도 하다. 참 좋았던 것이다. 그렇게 좋은 것을 다른 사람에게 기대해서는 안 되고, 또 내가 남에게 제공해서도 안 된다는 것인가. 아쉽다. 그냥 좀 서로 주거니 받거니 하듯 들어줄 수도 있고, 털어놓을 수도 있는 것 아닌가.

정이현의 『삼풍백화점』이라는 단편소설을 보면 이런 대목이 나온다. 주인공이 가족 없이 혼자 사는 여고동창 R의 집을 방문한 뒤의 상황이다.

> 물어봤으면 대답해주었겠지만, R에게 왜 혼자 사느냐고 묻지는 않았다. 내 기준에서는 그것이 예의라고 생각했기 때문이다.

하지만 자신의 인생을 끝끝내 숨길 작정이었다면 R은 혼자 사는 집에 주인공을 초대하지 않았을 것이다. 세상에 한 명쯤은 자신의 기막힌 사연을 들어주길 기대했을지도 모른다. 주인공이 친구에게 그 이야기를 물어보지 않고, 들어주지 않은 것은 내 기준에서는 못내 아쉬운 일이다. 사람은 이따금 누구에게라도 자신의 이야기를 털어놓고 싶은 마음을 갖는다는 것, 그리고 그것은 상상할 수 없을 만큼 속 시원한 치유법이 될 수도 있음을 우리는 알고 있어야 한다.

잘 들어주는 사람만이 잘 물어본다. 좋은 질문과 솔직한 답변은 사람을 치유한다.

10분 만에 친해지기

잠깐 동안의 만남이 어색할 때

나는 매주 평일에 한 번 동네 성당의 카페에서 봉사를 한다. 이 봉사를 시작한 지 얼마 안 되었을 때 급하게 토요일에 대타로 봉사를 한 적이 있다. 혼자 일할 수는 없어 나 이외의 다른 봉사자 A도 출근하기로 했다. 이름은 들었지만 모르는 사람이었다. 그런데 성당 카페에 가보니 봉사자 A 외에 한 아주머니가 손님 좌석에 벌써 와서 앉아 있었다. 그분은 봉사자 A와 계속 무언가 이야기를 나누고 있었다. 나는 그녀와 친한 분이 우연히 온 것으로 생각했다. 그런데 일을 마칠 무렵 봉사자 A가 내게 살짝 고백을 하는 것이었다.

"사실 처음 보는 분과 같이 일하는 게 걱정돼서 친한 지인에게 같이 있어 달라고 부탁했던 거예요."

나도 원래는 사람과 쉽게 친해지지 못했다. 그래서 여러 가지 책을 보면서 인간관계에 대해 연구하곤 했다. 그런 과정에서 인간은 서로 다른 점이 많은 것 같지만 그 다른 점을 초월하는 공통점도 많다는 결론에 이르렀다. 그런 노력의 결실인지 요즘은 차라리 처음 보는 사람과 어색하지 않게 대화를 이끌어갈 수 있다고 생각했다. 모르는 사람, 처음 보는 사람일수록 궁금한 것, 물어볼 것, 알아갈 것도 많지 않을까. 10분 정도면 서로 편안해지기 충분한 시간이다.

그날도 나는 모르는 이와 함께 봉사를 하게 되었지만 사실 아무렇지도 않았다. 같은 종교를 가진 사람인 데다가 어차피 동네 사람이다. 불편할 것이 뭐가 있을까. 그래서 봉사자 A의 말이 놀라웠다. 하지만 의외로 봉사자 A처럼 낯을 가리는 사람, 초면에는 대화하기 힘들다거나, 잘 모르는 사람과 같이 있으면 긴장되는 사람도 있을 수 있다는 사실을 알게 되었다.

여행을 할 때는 그 어느 때보다 사람들과 빨리 친해지는 기술이 필요하다. 특히 혼자 여행을 가면 기차, 비행기 좌석이나 버스에서 모르는 사람과 나란히 앉아야 한다. 일정 시간을 함께 가야 하는데 상대를 없는 사람처럼 무시하기는 쉽지 않은 일이다. 그럴 때는 서로 눈이 마주친 상황을 놓치지 말고 가벼운 미소를 보내면 된다. 대화를 나누게 된다면 '어디까지 가느냐' '어디에서 오셨냐'는 말을 가볍게 던질 수 있다. 그 정도는 비밀이나 사생활 노출도 아니니까.

사실 상대가 먼저 말을 걸지 않는 것이 때론 더 좋다. 그런 사람은 대체로 조심스럽고 상식적인 사람일 확률이 높다. 그런 만큼 안심하고 내가 마음이 내킬 때 조금씩 말을 붙여보는 것이다. 그 이후의 일은 서로의 케미에 맡기면 된다. 물론 한눈에 보아도 험상궂고 두려운 인상이라면 당연히 자는 척하는 편이 낫겠지만 말이다.

내겐 조금 특별하고도 감사했던 옆자리 인연도 있었다. 오래전 여름휴가로 뉴질랜드에 갔다가 비행기 경유지인 호주에서 혼자 돌아오던 때였다. 돌아오는 길에는 뜻밖에도 비즈니스 좌석으로 업그레이드가 되었다. 비즈니스석이라니! 앉자마자 좌석 여기저기를 건드려보고 눌러보다가 문득 정신을 차리고 보니 옆에 회사원 같은 한국 남자분이 앉아 있었다. 그는 열심히 일을 하고 있었다. 그의 옆에서 나는 졸기 시작했는데 문득 깨어보니 그도 어느새 일은 접고 스타크래프트 게임을 하고 있었다. 그 시절 나는 스타크래프트 게임 중계를 보기 위해 퇴근길을 미친 듯 달려서 집으로 돌아오던 게임광이었다. 곁눈질로 계속 지켜보던 것을 결국 그에게 들키고 말았다.

"직접 하실래요?"

그는 쿨하게 자신의 노트북을 내게 건넸다. 나는 사양하지 않았고, 인천에 도착하기까지 꽤 오랜 시간 게임을 즐길 수 있었다. 내게도 만약 게임을 할 수 있는 노트북이 있었고, 옆자리의 사람이 관심을 보였다면 같은 친절을 베풀 의향이 있었기에 안심하고 한 행동이었다. 어쨌거나 두고두고 감사했던 일이다.

함부로 인연을 맺지 말라거나 낯선 사람을 조심하라는 경고는 언제나 옳다. 하지만 모든 사람을 경계만 하면서 살 수는 없다. 모르는 사람과 함께 있을 때, 그건 그저 불편하고 두려운 순간이 아니다. 같은 시대를 살고 있는 인간으로서 최소한의 배려, 최소한의 친절은 주고받을 수 있는 아름다운 기회로 받아들여보자.

 초면은 전혀 어렵지 않다. 선입견이 생겨버린 두 번째 만남이 더 어렵다.

질투를 예방하는 예쁜 여자들의 비법

그녀들도 어려움이 있겠지

그리스신화에서 영웅 펠레우스와 바다의 여신 테티스의 결혼식이 열리게 되자 모든 신이 초대되었다. 그런데 불화와 다툼의 신 에리스만 초대받지 못했다. 하긴 그런 신을 굳이 행복해야 할 순간에 초대하고 싶은 이는 없을 것이다. 그러나 에리스는 분노를 참지 못하고 그 결혼식장에 황금사과를 던진다. 그야말로 갈등을 조장하기 위한 행동이었다. 황금사과에는 "가장 아름다운 여신에게"라고 쓰여 있었으니 말이다.

내로라하는 여신들인 헤라, 아테나, 아프로디테도 그 덫을 피해가지 못했고 황금사과에 욕심을 낸다. 아프로디테가 사과를 차지

하지만 결국 트로이전쟁까지 일어난다.

현 시대에 이 상황을 한번 대입해보자. "가장 아름다운 멤버에게"라고 적힌 꽃바구니를 걸그룹 대기실에 보내면 어떤 일이 벌어질까. 누구나 한 번씩은 내심 '저거 나한테 온 게 아닐까?' 하는 생각을 할 것이다. 이 비슷한 질문을 잔인하게 걸그룹에게 직접 던지는 경우도 보았다.

"멤버들 중 누가 가장 예쁜 것 같아요?"

쉽게 대답하기 어려운 그 질문을 받은 소녀는 다행히 망설이지 않고 다른 멤버의 이름을 댔다. 그 이유와 근거를 대는 데도 준비된 듯 자연스러웠다. 그 장면을 보면서 나는 내심 안도의 한숨을 쉬었는데 만약 그 소녀가 자기를 제어하지 못하고 "당연히 저 아닌가요?" 했다면 분위기가 한순간 가라앉았을 것 같다. 아무리 예쁘고 뛰어난 존재라도 그에게서 지나치게 자기중심적이고 본능적인 모습을 보는 것은 유쾌하지 못한 일이다. 계산된 것이었는지는 몰라도 그러한 겸손함이 예쁜 미모에 덧씌워져 그 말을 한 멤버가 오히려 가장 아름다워 보였다.

실제로 '진짜 미인'들은 놀라울 만큼 겸손한 경우를 많이 본다. 그녀들은 약속이라도 한 듯 오랜만에 만나면 그동안 있었던 자신의 실수담, 실패담을 먼저 꺼내놓는다. 저 얼굴로 그런 실수를 했다고? 믿기지 않지만 그녀들은 나름 진지하다. 미인들이 '내 미모는 원래 뛰어나잖아!' '내 인생에는 행복한 일만 가득해!'라고 말하는 경우는 거의 본 적이 없다. 그녀들은 어릴 때부터 예뻤고 그러한 자신을 지켜보는 시선들에 무엇이 담겨 있는지 오래전부터 익히 알고 있었을 것이다. 선망도 있었겠지만 질투와 시기심도 많았을 것이다. 그런 시선에서 조금이라도 편안해지려면, 그리고 사람들 틈에 어울리며 살아가기 위해서는 자신을 보호하는 방책이 필요했을 것이다. 그 방책은 대체로 '과도한 털털함' '덜렁거림' '건망증' 등으로 표현되는 '빈틈'이다.

지갑을 잃어버렸다거나, 말도 안 되는 지각을 했다거나, 버리지 말아야 할 것을 버렸다거나 그런 칠칠치 못한 사연들을 듣다 보면 그 미모에 대한 부러움이 살짝 잦아든다. 그리고 감히 동정도 한다.

"너도 힘든 일이 있구나, 쯔쯔."

중년의 나이에 소녀 같은 청순미를 보이는 강수지도 그렇다. 또래가 보았을 때는 부럽기만 한 '동안'임에도 그녀는 그것을 절대로 내세우지 않는다. 만약 그녀가 "나 어려 보이지? 내 나이 같지 않지?"했다면 어땠을까. 그 말에 부정을 할 수는 없다고 해도 들는 사람들 대부분이 기분 상했을 것이다. 그래, 너 잘났다! 이 말 외에 무슨 말을 더 할 수 있을까. 하지만 그녀가 노화에 대해 걱정하고 또 그것을 받아들이는 이야기를 하면 '아, 그녀도 우리와 그리 다르지 않구나!' 하는 마음에 안심하고 공감하게 된다. 자신을 낮추고 겸허하게 표현하는 데에는 오히려 강하고 탄탄한 자신감이 자리하고 있음을 말해주는 것 같다.

안타까운 건 충분히 아름다운 데다가 겸손함이 미덕이던 사람이 심경에 변화가 생긴 듯 부쩍 자랑이 늘어난 것을 볼 때다. 자랑을 들어주고 인정해주는 것은 어렵지 않지만 그녀가 갑자기 자신감을 상실할 만한 무슨 사건이라도 겪은 것은 아닌지 걱정이 된다. 자랑하는 사람의 삶은 정작 부럽지 않고, 자랑하지 않는 사람의 삶이 오히려 좋아 보이는 것, 인생의 아이러니다.

 "저는 화장발이에요!" 김태희의 망언도 나름의 생존전략이었다.

사랑받을 줄 모르는 사람

사랑을 받아들여야 내어줄 수 있다

나는 좀 불균형한 사랑을 받고 컸다. 부모 중 아빠로부터는 부족하지 않은 사랑을 받았다. 내가 대학교 3학년일 때 일찍 돌아가시긴 했지만 그 사랑에 대해 의심이나 아쉬움이 없다. 아빠는 그 어떤 존재가 내 위치에 있었어도 '내 딸이니까' 하는 마음으로 사랑해주었을 것 같다. 그런데 엄마는 나를 분석해보고 딱히 인정해줄 만한 것이 없다고 생각한 것 같았다. 엄마의 자랑거리가 될 자식이 아니라고 판단한 후 방임했다. 엄마는 공부 잘하던 작은언니와 외아들인 오빠에게 관심을 집중했다. 공부를 잘하니까 또 외아들이니까, 그 명백한 이유 앞에서 나도 딱히 할 말이 없었다. 별로 특출할 것이 없었던 막내딸을 향한 정서적 스킨십은 거의 제로에 가까웠다. 무능한 존재는 가정에서도 인정받지 못한다는 처절한 현실을 일찍 깨달아야 했다. 이제는 엄마의 인생과 그 한계에서는 그럴 수밖에 없었음을 이해하지만 늘 아쉬운 부분이다.

그런 불균형 때문인지 나는 늘 양극단을 오갔던 것 같다.

어떤 때에는 사랑을 많이 받고 자란 사람처럼 해맑고 당당했지만 또 다른 분위기에서는 기가 죽어 위축된 모습을 보이곤 했다. 사랑받아 탄탄한 자아와 냉대, 방임으로 졸아든 '초라한' 자아가 동시에 존재했다.

반쪽이나마 사랑받은 기억이 있다는 것은 행운인지도 모른다. 가끔 보면 사랑을 받아본 기억이 아예 없어 사랑받는 일 자체를 불편해하는 사람이 있다.

'왜 나한테 잘해주지?'

그들은 자신에게 호의를 품고 다가오는 사람들을 의심하고 거부한다. 누군가 자기를 좋아하는 것을 이해하지 못하는 것이다. 나의 초라한 자아가 기승을 부렸을 때 나도 많이 떠올렸던 의문이다. '나처럼 한심하고 보잘것없는 여자를 왜 좋아하는 거지? 쳇,

조금만 더 나를 알게 되면 바로 질겁하고 도망갈 거야'라고 믿는다. 예상은 적중해서 사람들은 멀어져간다. 제각각 다른 이유가 있었을 테고, 그중에는 사람 자체가 나쁜 경우도 있었을 텐데 언제나 내가 못나서 그랬을 것이라고 추측했다.

반대로, 작은 호의에 쓸데없이 감격해서 그것을 크게 생각했다가 관계를 오해하기도 한다. 상대는 아무 생각 없이 친절을 베풀었을 뿐인데 '이런 친절은 지금껏 받아본 적이 없어!' 하면서 상대가 나를 엄청나게 좋아하고 있는 것이라고 착각한다.
"네가 지난번에 나한테 한 말 있잖아⋯⋯"
호의에 대해 곱씹고 곱씹다가 그 진의에 대해 물어보려고 하면 상대는 "뭐?" "내가?" "언제?" 하고 눈을 동그랗게 뜬다. 아예 기억도 못하는 것이다. 어색한 상황이 벌어지면서 다시 초라해지고 작아진다. 그리고 '역시나' 하고 좌절하는 것이다.

사랑받을 줄 모르는 사람은 사랑을 주는 것도 힘들다. 어떻게 하는 것이 사랑인지 모르는 것이다. 우리 엄마는 외할아버지나 외할머니에게서 풍족한 사랑을 받지 못했다. 받아본 사랑이 없으니 줄 수도 없는 것이다. 어릴 때는 몰랐는데 엄마가 이따금 꺼내놓는 이야기에서 엄마가 어떤 상황에서 성장했는지 유추해낼 수 있었다. 엄마는 자존심 때문에 그 사실조차 인정하기 싫어했다.

그럼 뒤늦게라도 사랑을 충분히 받으면 그 공허함이 채워지는 것일까. 그것은 상황에 따라 다른 것 같다. 자신이 사랑의 효용에 대해 인정하고 그 가치를 추구하고 싶어하면 충분히 가능하다. 나는 그랬다. 변화가 온다. 세상에는 누구에게나 기꺼이 사랑을 주고자 하는 존재들이 있다. 그런 사랑을 열심히 받아들이며 자아를 키워나가면 된다. 10년, 20년이 걸릴 수 있어도 가능한 일이다.

하지만 그까짓 사랑 따위 필요 없다고 믿고, 돈이나 지위 같은 실질적인 가치를 더 중요시하면 사랑의 자리는 영원히 비어 있을 것이다. 그런 사람들은 왠지 모르게 공허해하고 쓸쓸해하는데 그 이유가 사랑의 부재 때문이라고는 결코 생각하지 못한다. 공허함의 이유를 돈이나 성공의 부족이라고 믿고 다시 그쪽으로만 매진하며 인생을 낭비하는 것이다. 결국 선택이다. 눈에 보이지 않는 사랑의 힘을 믿을 것인가, 아니면 부정할 것인가.

> 사랑이 필요 없는 사람은 없다.
> 아무리 부정해도 당신에게는 특단의 사랑이 필요하다.

따뜻한 스킨십이
마음을 연다

손끝에서 일어나는 관계의 혁명

남편은 성격이 좋은 편이지만 가끔 화를 낼 때가 있다. 내가 그의 스킨십을 거부할 때다. 그는 시도 때도 없이 뽀뽀를 해야 한다. 독실한 가톨릭 신자가 습관적으로 성호를 긋는 것처럼. 고지식한 나는 그게 처음에는 너무 민망하고 싫었다. 특히 연애하던 당시 남편이 길거리에서 뽀뽀를 요구할 때엔 질겁하여 손을 뿌리치며 도망쳤다.

'사람들이 다 쳐다보는데 이 인간이 미쳤어!'

신혼 때에도 '하루 한 번 했으면 됐지'라고 생각했다. 어차피 고작 애들 장난 같은 뽀뽀인데 안 하면 어떠랴 싶었다. 아까 했는데 뭘 자꾸 하나 싶어서 굳이 안 해도 된다고도 생각했다. 그런데 남편은 생각이 달랐다. 눈 뜨자마자 해야 하고 눈 마주치면 해야 했다.

"왜 뽀뽀 안 해줘?"

아침에 일어나서 내가 내 할 일을 하고 있노라면 그는 쫓아 나와 마치 내가 심각한 잘못이라도 저지른 듯 정색하고 따진다. 마치 자신이 계획 없이 술을 마시고 늦게 왔을 때 내가 화를 냈던 강도다. "뭐 그런 것 가지고 그러느냐" 하면 그는 고개를 젓는다.

"무슨 소리! 굉장히 중요한 거야."

뽀뽀의 중요성에 대한 역사적, 철학적 이유와 근거까지 나오지 못했지만 그 표정과 태도에서 아주 단호함이 느껴졌다.

하긴 남편은 다른 친구를 만나도 양쪽 볼 위에 뽀뽀를 한다. 언젠가는 거리 한복판에서 남편이 털북숭이에 거구인 동성의 친구에게 프랑스식 양볼 뽀뽀를 하는 모습을 보고 충격을 받기도 했다. 뭐지? 이 어이없는 장면은? 하지만 그 귀찮고 별 것 아닌 것 같은 행위를 매일 보고, 매일 하다 보니 이제는 그것의 의미가 저절로 몸에 새겨진 것 같다. 그리고 알게 되었다.

'아, 스킨십은 관심이고 마음의 전달이구나!'

내 입을 다른 사람의 얼굴에 가까이 대는 것은 쉽지 않은 일이다. 특히 무언가 거리낌이나 거부감이 있을 때는 도저히 할 수 없다. 하지만 한편으론 그렇게 가까이 접근함으로써 마음이 확 열리기도 한다. 서로 간의 벽을 그렇게 자연스럽게 깨는 것이다.

미국의 심리학자 해리 할로우는 이와 관련해 실험을 했다. 막 태어난 새끼 원숭이를 어미로부터 분리해 2개의 가짜 인형 원숭이가 있는 우리에서 키운 것이다. 한 개는 철사로만 만들어 우유병을 달아놓았고, 또 한 개는 부드러운 천으로 감싸 마치 어미 품처럼 포근함을 느끼게 해놓았다. 하지만 우유병은 달아놓지 않았다. 그리고 이런 질문을 던진 것이다.

"아기에게 스킨십은 얼마나 중요한 것일까."

새끼 원숭이는 배가 고프면 철사 인형으로 달려갔지만 그 외의 모든 시간에는 부드러운 천으로 만든 인형에게 매달려 있었다. 즉 아기 원숭이에게는 보드랍고 따뜻한 스킨십이 중요했던 것이다.

얼핏 보면 깍쟁이 같은 동물인 고양이들도 알고 보면 스킨십을 정말 좋아한다. 손으로 등을 쓰다듬어주면 눈을 지그시 감다가 몸을 쭉 늘어뜨리고 발랑 눕는다. 때로는 자신들이 먼저 다가와 얼굴을 부비며 스킨십을 유도하기도 한다. 이 녀석들과의 스킨십은 사실 내가 더 중독되어 있다. 침대에 들기 전 이 녀석들을 제일 먼저 옆에 데려다놓지 않으면 잠이 안 온다.

피부자극, 스킨십이 이렇게 감정적 안정에 큰 영향을 끼치는 것은 동물의 장기가 처음 만들어질 때 피부와 뇌가 같은 세포층에서 발달해왔기 때문이라고 한다. 피부가 자극을 받으면 뇌로 신호가 가는 것이다.

언젠가 사이가 별로 안 좋았던 사람을 오랜만에 만나면서 나도 모르게 손을 맞잡았는데 그 순간 지난 시간의 어색함이 눈 녹듯 사라진 경험도 있다. 슬퍼하는 사람에게도 말로만 '위로 드립니다' 하는 것보다는 말 없이 꼭 끌어안아주는 것이 훨씬 낫다. 피부는 훨씬 더 많은 이야기를 들려주는 것이다.

 마음의 벽을 무너뜨리는 스킨십. 뽀뽀가 어려우면 손이라도 잡아요.

자존심과 자존감

___

나는 나로서 충분하다

내가 자살하지 않은 이유가 햇볕이라고 한다면, 내가 살아가는 이유는 하루하루의 깨달음과 공부였습니다. 햇볕이 '죽지 않은' 이유였다면 깨달음과 공부는 '살아가는' 이유였습니다. 여러분의 여정에 햇볕과 함께 끊임없는 성찰이 함께하기를 빕니다.

『담론』, 신영복

무기징역을 선고받고 수감생활을 했던 신영복 선생의 이야기다. 그분은 누구와도 비교할 수 없는 인생을 사셨다. 하지만 나는 이 글에서 감히 그분의 이야기에 내 이야기를 덧대어볼까 한다. '자살하지 않은 이유'와 '살아가는 이유' 대신 나에게 있어서 '자살하고 싶었던 이유'와 반대로 '자살하고 싶지 않게 된 이유'에 대해서 말이다.

지금껏 살아오면서 나를 여러 번 죽일 뻔했던 것이 있다. 그것은 자존심이었다. 첫 남자친구가 결별을 선언했을 때였다. 나는 놀랐고 믿을 수가 없었다. 그의 마음을 되돌리기 위해 온갖 노력을 다했지만 그는 나에게 질렸는지 내 말을 전혀 듣지 않았다. 그때 나는 슬프다기보다 자존심이 상했다.

'가족들이 나를 어떻게 볼까? 친구들은 또 얼마나 나를 한심하게 생각할까?'

그 자존심 때문에 죽어버리고 싶었다. 물론 내가 죽었다고 해도 눈 하나 깜박하지 않을 것 같던 전 남자친구의 표정이 떠올라 실행하진 못했지만 말이다.

그 이후에도 실패를 겪을 때마다 나는 죽고 싶어했다. 일하다가 수치를 당하면, 관계가 좌절에 부딪치면 영락없이 자존심이 상했고 그것을 견디기 힘들었다. 자존심의 사전적 의미는 "남에게 굽히지 아니하고 자신의 품위를 스스로 지키는 마음"이다. 특히 '남에게 굽히지 않는다'는 부분에 나는 방점을 찍었다. 나는 언제나 자존심을 최우선으로 생각했고 그것을 안팎으로 휘둘렀다.

"자존심도 없나봐!"

이 말은 내가 누군가를 비난할 때 종종 쓰던 말이다. 자존심이 없는 듯 사는 사람은 보는 것만으로도 싫었다. 아무리 높은 자리에 있어도 자존심을 굽혀야 하는 상황이 있다는 것을 상상하지 못했다. 누군가 자존심 때문에 죽는다면 그런 행동을 이해할 수 있다고 생각했으니, 그 시절 내 안에는 이슬람식 '명예살인'까지 용납하는 마음이 있었는지도 모르겠다.

그러다가 훗날 '자존감'이라는 단어를 알게 되었다. 이것은 'self esteem'이라는 영어단어를 한국어로 번역하면서 만들어진 단어였다. 자존감은 자존심과 달랐다. '있는 그대로의 나를 존중하고 사랑하는 마음'이다.

자존심은 사람을 쉽게 조종하면서도 실체가 없는 허상이지만 자존감은 인간의 내면에 단단히 자리 잡고 앉아 사람을 성장시키는 든든한 아군이다. 자존심이 "밖을 좀 봐. 모두 널 놀리고 있잖아!" 할 때, 자존감은 '지금 너는 무엇을 느끼고 있니?'라고 묻는다. 최악의 상황에서도 '그래서 뭐? 괜찮아, 괜찮아!' 하고 나를 다독이는 따뜻한 손이다.

내가 내세우고 키워야 할 것은 자존심이 아니라 '건강한 자존감'이라는 것을 뒤늦게 깨달았다. 내가 다른 사람에 비해 부족하거나 다른 사람에 비해 못났거나 하는 것은 전혀 중요하지 않았다. 세상은 그저 나로부터 시작하고 나로부터 끝나는 것이었다. 그러고 난 뒤 신기하게도 내 안에서 자살 충동이 사라졌다. 빌딩만 보면 저기서 뛰어내리는 것이 가장 쉬운 길이라고, 습관적으로 생각했던 내게서 그런 삭막한 상상력이 싹 사라진 것이다. 우울증 치료로도, 그 무엇으로도 해결되지 않았던 것이 그렇게 없어졌다.

나는 내 안에서 언제든지, 어떤 상황에서든지 평온하게 존재할 수 있게 되었다.

사업가 백종원은 집에서 나와 일하러 갈 때는 '자존심'을 집에 두고 나온다고 했다. 자존심이 없다고 그가 초라해 보이는가. 그는 자존감이라는 단어를 쓰진 않았지만 이미 자존감으로 똘똘 뭉쳐 있는 사람으로 보인다. 그런 사람은 자존심 따위에 연연하지 않고 누가 뭐라고 하든 상처 입지 않는다. 자존감은 내가 허락하지 않는 한 타인으로 인해 훼손되지 않는다.

애당초 인간이 세상에 존재하기 위해 대단한 이유나 능력이 필요하다고 믿는 것은 욕심이고 착각이다. 조금 못났어도, 조금 부족해도 제각각 나름의 인생을 사는 것이다. 그 바탕에 자존감이 있다.

억지로 잘난 척할 필요 없다.
스스로 존중(自尊)하고 스스로 존재하는(自存) 것으로 충분하다.

어쨌든 이어가야 할 관계들

관계 유지를 위한 4가지 법칙

누구나 관계를 맺고 산다. 그리고 그 관계 때문에 행복할 때도 있지만 여러 가지 스트레스를 받기도 한다. 그런데 그렇게 관계에 대해 고민하며 상담을 청하는 이들에게 몇몇 사람들은 이런 식으로 조언한다.

"그런 사람은 만나지 마세요."

"그런 모임 뭐 하러 해요? 당장 나오세요."

"그런 직장, 때려치우세요."

애인이나 배우자 때문에 속을 썩는다는 인터넷 게시판 글에도 너무 쉽게 '헤어지세요!'라는 답이 달린다. 그리 쉽게 끊고, 끝내

고, 떠나고, 떠나보내고 할 수 있다면 누가 고민을 하겠는가. 단절
이 그렇게 쉬우면 애당초 고민 상담은 청하지도 않았을 것이다.
세상에는 함부로 끊을 수 없고 어쨌든 이어가야 할 관계들이 있
다. 특히 가족 간의 트러블이 큰 고민인 이유는 그 관계가 끊으려
야 끊을 수 없는 관계이기 때문이다. 어쨌든 이어가야만 한다. 정
말 끊어버리는 것은 속 시원할 것 같아도 오히려 큰 뒤탈과 후회
를 불러올 수 있다.

만나고 싶지 않지만 그래도 관계를 이어가야 하는 사람들에게
는 다음과 같이 대응해보자.

첫째, 그런 사람과는 일일이 대화에 깊이 참여하지 않는다.
나를 괴롭히는 누군가가 있다면 한 공간에 있더라도 가능한 한
말을 섞지 않는다. 한 공간에 있는데 어떻게 그럴 수 있느냐고? 사
람에게는 누구나 여러 가지 모습, 여러 가지 얼굴이 있다. 그 달갑
지 않으나 끊을 수 없는 사람에게는 내 안의 가장 조용하고, 가장
바쁘고, 가장 무심한 자아를 끄집어낸다. 그리고 '영혼 없는 마네
킹'의 모습으로 대하는 것이다.
무언가 자기 자랑을 늘어놓으면 살짝 화장실로 달려간다거나,

하소연을 시작하면 마침 걸려온(아니 걸려온 듯한) 전화를 받으며
조용한 곳으로 이동한다거나, 꼼짝없이 이야기를 들어야만 하는
상황이 되면 고개만 끄덕이며 나만의 무념무상에 빠지는 것이다.
'난 당신이 싫다'는 속내를 보이지 말라. 굳이 그럴 필요는 없다.
또 이건 내가 종종 했던 실수인데 상대를 이해해보겠다고 이야기
에 깊이 빠져도 안 된다. 골치만 더 아파진다. 결코 이해할 수 없
다. 내 시간은 소중하므로 정말 가치 있는 것에만 시간을 기울여
야 한다는 것을 명심할 것.

둘째, 어쨌거나 그와 나는 다른 존재임을 받아들인다.

공감은 호감의 시작이다. 그러니 공감할 수 없고 이해할 수 없
는 사람을 좋아하기는 어렵다. '아, 나와 다르구나!' 하는 판단이
내려지면 곧바로 '우주선을 타고' 나의 별로 귀환하라.

그런 사람은 나와 다른 행성에 살고 있다고 생각하라. 그런 사람
일수록 멀리서 보면 별처럼 예쁘게 보인다. 안 예뻐 보이면, 예쁘게
보일 만한 거리로 더 이동해서 망원경으로 관찰만 하라. 너무 가까
이에서 보니까 달처럼 울퉁불퉁한 표면까지 보게 되는 법이다. 안
그래도 싫은 감정이 더 커지지 않도록 최대한 거리를 유지하라.

셋째, 그런 상대가 하는 나에 대한 평가를 마음에 담아두지 마라.

간혹 달갑지 않은 상대가 해준 칭찬은 받아들이고, 비판은 불쾌해하며 주변에 하소연하는 사람이 있는데 칭찬조차도 듣는 순간 싹 잊어야 한다. 어떤 평가든 그 사람에게서 나온 것이라면 가슴속에 담아둘 가치가 없는 것으로 간주한다. 언제나 원점에서 상대를 만나야 한다. 이번이 내 인생에서 처음 보는 순간인 것처럼. 그래야 견딜 수 있다. 그에 대한 정보도 가능한 한 기억에 남겨두지 않는다.

넷째, 이 방면에 능숙한 주변인을 롤 모델로 정해서 따른다.

아무래도 자신이 직접 볼 수 있는 사람을 따라하면 좋다. 누구나 주변에 어떤 사람들과도 두루두루 친하고, 적당히 잘 지내는 사람 한 명 정도는 있지 않은가. 그런 사람이 그나마 불편한 사람, 딱히 좋아하지 않는 사람 앞에서 어떻게 처신하는지를 관찰하고 그 태도를 흉내 내라.

관계를 끊는 대신 관심을 끊는다. 그게 훨씬 낫다.

사람에게 상처받은 기억은 세월과 함께 저절로 지워지진 않는다. 살아가면서
스스로 열심히 지워가는 것이다. 더 좋은 사람을 만나는 것으로, 더 깊은 사랑
을 주고받는 것으로 말이다. 상처는 그렇게 조금씩 희미해지다가 결국 사라
진다. 과거에 어떤 사람들을 만났든, 지금 좋은 사람들과 함께 있다면 당신의
미래는 달라질 것이다. 사람과 함께하라. 그들과 드라마를 만들고 그 속의 주
인공이 되어라. 그것만으로도 인생은 의미가 있다.

5장

사람은
사람 때문에
따뜻해져

깊고 고요한 관계가 좋아

일대일 만남이 더 좋은 이유

가끔 길을 가다 보면 친구로 보이는 여자들이 우르르 함께 걸으며 담소를 나누는 모습을 볼 수 있다. 카페에서도 너댓 명이 모여 웃으며 대화를 즐긴다. 그럴 때 나는 대개 혼자서 그 모습을 지켜보고 있었다. 그들은 행복해 보였지만 나로서는 약간의 이질감도 느껴졌다. 나도 저런 자리에 끼인 적이 있었겠지만 그리 흔한 일은 아니었다.

그러고 보면 내가 만남을 추진할 경우는 대부분 일대일이었다. 만나고 싶은 한 명에게 내가 연락을 하고(때론 반대일 때도 있고) 만나서 식사를 하며 대화를 나눈다. 이야기 중에 우리가 공통으로 아는 제3자의 이야기가 나올 때도 있지만 '그래, 다음에는 그 사람도 부릅시다' 같은 말은 하지 않는다. 그 제3자를 만나고 싶으면 각자 연락해서 만날 일이다.

예전에는 호기 있게 '다 같이 만나자'라는 말을 꺼내곤 했다. 그렇게 관계를 확장시키는 것이 더 좋은 일이라고 여긴 듯하다.
'여럿이 함께 보면 더 효율적이지 않을까?'
하지만 관계는 그런 효율성으로 좌지우지 되는 것은 아닌 것 같다. 여럿이 만나면 그 만남은 대개 겉도는 얘기만 오가다가 농담과 웃음, 혹은 누군가의 원맨쇼로 끝나버린다. '내가 뭘 한 거지?' '내가 누굴 만난 거지?' 싶게 공허해진다. 반드시 누군가는 독주했고 누군가는 침묵했다. 모두가 두루두루 즐겁고 행복했다고 볼 수는 없다. 그런 자리에서 진솔한 이야기가 오가기도 어렵다. 성공담, 자랑, 과시가 주를 이룬다. 한 명이 시작하면 질 수 없다는 누군가가 그 뒤를 잇는다. 그러니 어느 하나를 탓하기도 애매하다. 그런 자리에서, 아주 가볍게 치부될 것이 확실한데도 자신의 은밀한 이야기를 터놓을 강심장의 사람은 없다.

특히 3명이 만나는 것은 좋지 않다고들 한다. 사소하게는 자리

배치, 대화의 빈도, 눈 맞춤의 횟수에서 서운함이 싹틀 수 있다.

"우린 3명인데도 아주 잘 지내는데요?"

이런 경우에는 한 명의 인내심이 아주 뛰어나거나, 그 사람이 이 모임에 의외로 집착이 전혀 없는 것은 아닐까. 물론 그렇게라도 잘 유지된다면 다행이고 축복이다. 나의 경험만 돌아봐도 신경이 예민해지고 불편해지는 것은 어쩔 수 없었다.

앞에서도 썼지만 나는 사람이 털어놓기 어려운 이야기일수록 털어놓는 것이 꼭 필요하다고 믿는 사람이다. 그러기 위해서는 한 사람이 한 사람을 만나 서로 집중해서 이야기를 들어주고 또 자기 이야기를 꺼낼 수 있어야 한다고 생각한다.

"그렇다고 내 비밀을 남에게 이야기했다가 소문이 나버리면 어떻게 하나요?"

그것은 그 이야기를 할 상대를 고르는 자기 안목에 달렸다. 또 절대로 말하고 싶지 않은 비밀은 스스로도 잊어버리는 것이 좋다. 그러나 늘 가슴속에 얹힌 듯 소화되지 못한 사연은 누군가의 앞에 꺼내놓고 함께 들여다볼 필요가 있다.

자신에게는 너무 부끄러운 일이었는데 꺼내놓고 보니 '대한민국 국민 85%가 겪은 일'일 수도 있고, 너무 억울한 일이었는데 앞에 앉은 사람이 '저런, 그런 일이 있었구나! 너무 억울했겠구나!' 하고 공감해주는 순간, 쓱 내려가기도 한다. 그런 다음에는 그 일을 상대가 다른 사람에게 이야기하든 말든 그다지 중요하지 않게 된다. 요즘처럼 SNS로 피로해진 현실에서는 실제로 만나 대화한 한 사람의 위로가 더욱 가슴에 와닿는다.

이런 관계는 굳이 잦은 만남을 필요로 하지 않는다. 나의 경우는 점점 1년에 한 번 정도의 연례행사가 되곤 하는데 그래서 더 소중하다. 화사한 봄에 만나고 싶은 사람, 한여름 뙤약볕을 무릅쓰고라도 보고 싶은 사람, 가을 산사를 함께 방문하고 싶은 사람, 겨울 카페에서 손을 호호 불며 따뜻한 커피를 나누고 싶은 사람⋯⋯. 각각 색이 다른 그 관계, 깊고 고요한 그런 관계가 나는 점점 더 좋아지고 있다.

조용한 공간에서 말없이 함께 있어도 좋은 사람, 그런 사람이 좋다.

선한 사람, 아빠

꼭 한번 뵙고 싶어요

좋은 사람 혹은 선한 사람 하면 내게 제일 먼저 떠오르는 사람은 아빠다. 엄마는 80세가 넘은 지금도 돌아가신 아빠에 대한 원망을 가끔 꺼내놓지만 객관적인 시각에서 보면 '그만 한 사람'은 없다. 엄마는 첫사랑과 결혼했기에 세상에 나쁜 놈들이 얼마나 많은지 모른다.

아빠의 개성은 '선함'이다. 대체로 인생의 수많은 시간 동안, 아빠는 선했다.

부하직원이 사과 상자를 선물로 들고 집에 찾아왔을 때 아빠는

"자네가 무슨 돈이 있다고 이런 걸 가져오나!"하며 다시 들려 보냈다. 당시 우리 집은 마포 박우물 거리에서 꽤 높이 언덕을 올라가야 있었다. 부하직원은 무거운 사과 상자를 사들고 그 언덕을 간신히 올라왔을 텐데 그걸 또 들고 내려가야만 했던 것이다. 그때 나는 고개를 갸웃했다.

'그냥 두고 가라고 하는 게 낫지 않을까?'

내가 대여섯 살 무렵 바나나를 먹고 체했을 때였다. 나는 먹은 바나나를 소화시키지 못해 다 토하고 앓아누워 있었다. 그 소식을 들은 아빠가 나를 위로하기 위해 일찍 퇴근했는데 그 손에 또 바나나가 들려 있었다.

"이건 너만 먹어!"

나는 다시 고개를 갸웃했다. 바나나 먹고 체했는데…… 뭐지? 하긴 당시에는 바나나가 지금과 달리 귀한 과일이긴 했다.

무슨 일이었는지 막내딸을 야단친 후 애가 풀이 죽어 있자 아빠는 또 마음이 안 좋았는지 나를 방으로 불렀다. 나는 잔뜩 입이 나온 채 아빠 앞으로 갔는데 그런 내 앞에 아빠는 화투를 꺼냈다. 그리고 내게 화투를 가르쳐주기 시작했다. 평소 궁금해하던 국민 잡기이긴 했지만 굳이 이 분위기에, 굳이 아빠로부터 화투를 배워야 되나 싶어 그때 난 또 고개를 갸웃했다. 그럼에도 많은 순간, 나는 아빠의 선한 의지를 느낄 수 있었다.

아빠는 상상할 수 없을 만큼 가난한 집에서 태어나 성장했다고 들었다. 다행히 엄마를 만나 일찍 결혼을 하고 또 안정적인 직장에서 일하면서 네 아이가 있는 가정을 꾸려냈다. 그 자체를 아빠는 큰 성공으로 여긴 것 같았다. 그래서 엄마보다는 아빠가 더 행복해 보였다. 운전면허 딴 지 한 달 만에 온가족을 차에 태우고 강원도 여행을 떠나기도 했었고, 일요일마다 집안 대청소에 나서기도 했다. 아빠는 엄마가 아무리 악다구니를 해도 돌아서서 우리들에게 '아내가 예쁘면 처갓집 말뚝 보고도 절한다'는 속담을 들려주곤 했다. 하지만 부부 간에는 '선함'이란 그다지 큰 매력 포인트가 아니었던 모양이다.

결혼생활이 지속되면서 엄마 아빠의 부부싸움은 점점 잦아졌고, 이혼이라는 단어가 담긴 고성도 수없이 오가곤 했다. 그래도 끝끝내 아빠는 가정을 지켜냈다. 자신만 53세라는 나이에 암으로 우리 곁을 조용히 떠나버렸다.

얼마 전에는 꿈에 아빠가 태연히 등장했다. 우리가 사춘기 시절 살던 그 집에 말이다. 그때 느낌은 아빠가 몇 년간 외지를 홀로 떠

돌다가 마음을 잡고 집으로 돌아온 것만 같았다. 모두 놀란 마음으로 안방에 있는 아빠를 바라보았다.

"다시 오신 거예요?"

나는 조심스럽게 물었고, 아빠는 고개를 끄덕였다. 참 반갑고 따뜻했다. 하지만 꿈속에서도 나는 알고 있었다. 이건 있을 수 없는 일이라는 걸. 그저 꿈이라는 걸. 그래서 기쁘면서도 기쁘지 않았다. 참 이상한 기분이었다.

우리 4남매는 그 누구도 아빠만큼 선하지는 않다. 선한 아빠는 너무 일찍 세상으로부터 버려졌고, 배신도 당했고, 건강도 해쳤다. 아빠처럼 선하게 살면 위험하다는 것을 우리는 모두 지켜보았기에 아무도 그렇게 살고 싶어하진 않는다. '선함'이란 '바보 같은 것'이라는 사실도 충분히 인지하게 되었다. 아빠를 존경한다고 말하지도 않는다. 존경을 운운하려면 거리감이 필요한데 그런 거리감 대신 포장되지 않은, 인간적인 아빠의 모습을 참 많이 보았기 때문이다.

아빠는 그냥 좋은 사람이었다. 누군가 세상을 떠난 모든 사람들 중 한 명을 만나게 해준다면 가장 먼저 이름을 댈 수 있는, 그런 사람으로서 말이다.

"악한 끝은 없어도 선한 끝은 있다"는 말이 있다. 악한 끝이나 선한 끝이 무엇인지 예전에는 몰랐으나 이젠 어렴풋이 보인다. 30년이 넘도록 그리움의 대상으로 존재할 수 있다는 것, 그것은 그래도 아빠가 선한 사람이었기 때문이 아닐까.

당신의 곁에서 가장 선한 사람은 누구인가요?
그를 잘 지켜주세요. 금방 떠날지도 몰라요.

나를 채우는 게 먼저다

스스로 깊어지는 길은 스스로 찾는다

요즘도 가끔 포털사이트나 TV에서 깜짝 놀랄 만한 뉴스를 접한다. 사이비 종교에 빠져 가족을 버리고 직업도 버리고 전 재산까지 갖다 바친다는 사람들에 대한 이야기다. 달력을 보면 21세기가 맞는데 정말 이상한 일이다.

그들은 남태평양의 섬으로 이주도 가고 불편할 것만 같은 합숙생활까지 감수한다. 그 정도는 아니라고 해도 의외로 많은 사람들이 교주나 종교생활에 비정상적으로 매달리는 경우가 있다. 누구에게나 종교의 자유가 있긴 하지만 그 도가 지나친 것은 위험하다. 특히 아직 세상 물정을 모르는 학생이나 젊은이들에게는 말이다.

이런 사람들에 대해 『우리 아이 절대 교회 보내지 마라』의 저자 송상호 목사는 이렇게 설명한다.

> 자신의 모습이 초라하다고 느껴지고, 자신을 있는 그대로 받아들이기 힘들 때 사람들은 자신보다 더 강하다고 느껴지는 그 무엇과 자신을 동일시한다. 그럼으로써 자신이 그 무엇과 동일하다는 착각을 한다. 이것은 사람들이 신을 찾는 것과 교회를 찾는 심정과 동일하다.

한 마디로 내면이 비어 있고 공허하기 때문이라는 것이다. 나도 그런 때가 있었다. 대학 졸업 후 회사도 그만두고 그야말로 아무것도 아니던 시절, 나는 아침이면 집을 나와 강남역 일대를 쓸데없이 돌아다녔다. 그때 나는 무슨 생각을 하고 살았을까. 미래도 두렵고 현재도 막막하고 당장 오늘 하루 시간 보내기에 급급했다. 그러한 내 안의 공허함이 보였는지 나는 꽤 여러 번 '도를 아십니까?'의 무리들에게 잡혔다. 다행히 그런 사이비에 빠지지는 않았는데 그것은 내가 '속이 비어 있긴 했어도 완전히 비어 있진 않았기 때문이 아닐까' 싶다. 조금은 뭔가 들어 있었던 것이다. 그래도 내가 제일 중요하다는 이기심, 왜 내가 이 사람들의 말을 들어야 하나 하는 반발심, 뭔가 새로운 규율에 따르는 것에 질색하는 분방함……

그리고 다행히 누구도 그리 집요하게 나를 설득하진 않았다. 내가 그렇게 순하고 착하진 못했으니까. 누군가 그런 시도를 했다면 '아, 그만 좀 하세요!' 하고 발끈하는 나의 모습을 끄집어냈으리라. 하지만 나보다 조금만 더 순진하고 나보다 조금만 더 힘든 사정에 처해 있는 젊은이들이라면 맥없이 빠져들 수도 있을 것 같아 걱정스럽다. 너무 외롭다면, 누군가 자기 편이 되어 이해해주길 기대한다면, 따뜻한 얼굴로 다가오는 검은 손길을 잡기 쉬울 것이다.

누구에게나 한 번쯤은 그렇게 쓸쓸하고 공허한 시간이 찾아온다. 만나면 좋을 친구들은 직장에 다니느라 바쁘고, 가족도 마찬가지고, 나 혼자서 광대한 우주와 대면하는 것 같은 시간 말이다. 강남역 거리를 매일 헤매고 명동 거리를 쏘다니던 나는 정신과의사 앞에서도 얻을 수 없었던 안정을 결국 나와의 대면으로 얻어냈다. 완벽히 혼자인 것을 인정하고 책을 통해, 아는 이 하나 없는 곳으로의 여행을 통해 스스로 내 안을 채우려고 노력했다. 이것은 나의 방법이었고 당신에겐 또 당신만의 방법이 있을 것이다.

어쨌거나 자신을 채우는 일은 완벽히 자신의 숙제다. 다른 사람에게 기대서, 다른 사람을 붙잡고 늘어지면서 쉽게 채우려고 해서는 안 된다. 아무리 듣기 좋아도 그들의 이야기는 그들의 이야기일 뿐, 내가 직접 느끼고 체험한 것이 내 이야기가 되어야 한다. 들어서 아는 것은 잠깐이다. 내 눈으로 보고 내 손으로 찾아야 한다. 그렇게 자신을 채웠을 때에야 누구를 만나도 대등하게 교류할 수 있다. 상대에게 흡수되지 않는 것도 중요하지만 굳이 상대를 내 편으로 끌어들일 필요도 없다. 나는 나답게, 상대는 상대답게 존재하는 것이 더욱 중요하다.

외롭고 공허한 시간은 누구에게나 온다.
그러나 그 시간을 견디면 더욱 단단해져 있을 것이다.

주었으면 반드시 받아야 한다

주고받기에는 균형이 필요하다

미국의 작가 존 치버의 단편소설 중 『주홍빛 이삿짐 트럭』의 내용이다.

어느 마을에 젊은 부부가 이사를 온다. 옆집의 평범한 부부 찰리 내외는 그들을 집으로 초대한다. 그런데 젊은 부부의 남편 기기는 멀쩡한 외모와 달리 술이 들어가자마자 추태를 부린다. 사실 그런 주벽 때문에 그들은 1년에 한 번꼴로 이사를 다녔던 것. 결국 그 마을에서도 소문이 퍼져 1년도 못 돼 기기와 아내는 다시 이사를 간다. 그렇게 무언가 부족한 기기를 안타깝게 여기던 찰리는 어느 날 풋볼 경기를 하다가 골반 뼈가 부러졌다는 기기의 소식을 듣고 굳이 그 먼 곳에 있는 기기의 집을 찾아간다. (사실 이 정도도 큰 호의 아닌가.) 마침 집에 혼자 있던 기기는 찰리를 반긴다. 그날 밤 찰리는 눈 내리는 밤길을 3시간이나 달려 귀가를 한다. 그런데 눈이 쌓여갈 무렵 기기로부터 전화가 걸려온다. 바닥에 넘어졌는데 도와줄 사람이 아무도 없으니 제발 당신이 집까지 와달라고.

……이 부분에서 심장이 쫄깃해졌다면 당신도 나처럼 호구의 DNA를 가지고 있는 것이다. 나는 정말 이 부분에서 '어떡해!' 탄식을 뱉어내고 말았다. 찰리도 순간 눈앞이 아찔해졌다. 그렇지만 자신이 돌봐야 하는 아이들, 눈 쌓인 길, 3시간 거리를 떠올리며 조용히 수화기를 내려놓는다. 그러나 불쌍한 이웃을 외면했다는 죄책감은 무럭무럭 자라나 결국 그의 영혼을 파괴한다.

살다 보면 간혹 그런 대상이 보인다. 어딘지 모르게 안쓰럽고 행동이 불안해서 끈끈이처럼 시선을 잡아채는 사람 말이다. 그런 사람은 대개 그 정도로 끝내지 않고 기어이 다른 사람들의 동정심을 유발시키는 행동을 하고야 만다. 사람들은 그들을 조금 도와주면 그 빈틈이 채워질 것이고 혼자서도 잘살게 될 것이라고 생각한다. 자신의 도움이 한 사람의 인생에 좋은 영향을 끼칠 것이라고 믿는 것이다. 막 걸음마를 배운 아기가 뒤뚱뒤뚱 걷는 모습을 조바심 내며 지켜보는 부모처럼 그 시선에는 약간의 우월감도 존재한다. 어쨌거나 동정심에 자극받고 우월감을 충족시키기 위해 서슴지 않고 그들의 인생에 개입한다. 이러한 '수혈 작업'이 시작되면 어떤 일이 생길까.

분명히 아닌 경우도 있겠지만 어느 순간 일방통행이 되어간다. 누구는 당연히 주기만 하고 누구는 당연히 받기만 한다. 심지어 자신이 경험한 동정심이라는 것이 과연 실체가 있는 것이었는지 회의감까지 들게 된다. 나는 상대를 동정했지만 상대는 자기 자신을 단 한 번도 '불쌍한 사람' 혹은 '도움받아 마땅한 사람'으로 생각해본 적이 없다는 것이다. 상대가 베풀고 싶어하니까 내가 받아준 것이라거나, 심지어 자신이 그토록 매력적이라서 세상으로부터 좋은 대접을 받은 것이라고 생각하는 것이다.

물론 남을 돕는 일은 필요하다. 그러나 상대가 요구하지도 않았고 감사하지도 않는데 '속으로는 감사히 여길 거야' 하는 착각으로 밀어붙여서는 안 된다. 그런 식의 동정은 위험한 결정이고 끝내 착각일 수 있다. 자기 나름대로 잘 살고 있는 사람을 나의 기준에서, 나의 잣대로 '불쌍하다' '가엾다'고 판단하여 역시 내 기준의 동정을 베푸는 것은 무모하고 헛된 일일 수 있는 것이다.

그렇다면 어떻게 하면 그런 착각과 실수를 하지 않을 수 있을까.

내가 베풀었으면 반드시 그만큼 돌려받을 것도 생각해야 한다. 남에게 줄 것이 아무것도 없는 사람이란 없다. 아무리 어려운 처지라고 해도 '지혜' 한 조각, '위로' 한마디 정도는 건넬 수 있기 때문이다. 그런데 상대가 웃는 얼굴이나 감사하다는 표현까지 아끼는 사람이라면 내가 베푸는 것에 대해 다시 생각해보아야 한다. '쑥스러워서 감사하다는 말을 못하는 거야'라고까지 이해해주고 있다면 이건 병이다. 앞서 언급한 소설의 민폐남 기기는 그날 어떻게 되었을까. 그런 부담을 찰리에게 던져놓고도 자신은 소방서에 연락해 구조를 받았고, 아무렇지도 않게 자신의 삶을 잘 살아갔다.

독일의 작가 하노 벡의 저서 『삶이라는 동물원』에 의하면 동물들조차 일방통행의 도움은 베풀지 않는다고 한다. 먹이를 구해온 녀석이 먹이를 나누어주면 반드시 그에 상응하는 협조의 태도를 보인다는 것이다. 하물며 우리는 사람이 아닌가.

나는 왜 베푸는지, 상대는 왜 받는지, 이따금 멈추어 생각해보아야 한다.

꼭 지켰으면 하는
관계의 원칙들

더 쿨한 관계를 위한 4가지 법칙들

지금 내가 쓰려고 하는 관계의 원칙들이 모든 이에게 정답은 아닐 것이다. 다만 나는 지키려고 애를 썼던 덕목들로서 소중하게 생각하고 있고, 앞으로도 이를 지키기 위해 노력할 것이기에 여기에 소개하고자 한다.

첫째, 상대에게서 들은 이야기, 함께 나눈 이야기를 잘 기억한다.

지금은 예전보다 비즈니스 미팅이 확 줄어서 이런 부분을 철저하게 할 필요도 없고 그렇게 하지도 못한다. 하지만 누군가를 만나고 돌아오면 서로 나눈 이야기에 대해 메모를 한다. 내 다이어리는 웬만한 양장본 책보다 두껍다. 그냥 'A씨와 만났음' 정도만 적어둔다면 며칠만 지나도 'A씨와 내가 무슨 이야기를 했더라?' 하며 답답해진다. 기억력이 뛰어나지 않다면 메모하고 또 메모하라. 메모하지도 않고, 기억하지도 못하는 사람을 신뢰하기는 어렵다. 무엇이든 메모해두면 다음 만남에서 꽤 요긴하다.

둘째, 사소한 결정을 상대에게 미루지 말라.

'결정장애'라는 말이 있다. 진로나 직업, 결혼 시기를 결정하는 일과 같은 중대한 일이라면 이해한다. 하지만 사소한 일에 매번 결정장애 운운하며 망설이는 것은 좀 걱정스러운 일이다. 자신에 대해서도 잘 모르고 상황에 대한 파악도 빨리 못한다는 뜻이니까 말이다. 특히 데이트를 할 때 '어디에서 만날까요?'라든지 '어느 영화를 볼까요?' 같은, 만남의 본질에 비해 크게 중요하지 않은 문제에 대해 너무 오래 고민하고 미적거리는 것은 한심해 보일 수도 있다. 여성이든 남성이든 만남에 책임감을 가지고 있다면 자신만의 계획을 가지고 있다가 바로바로 제시할 수 있어야 한다.

셋째, 카톡이나 문자는 최대한 일목요연하게 정리해서 보내자.

나도 카톡이 싫은 것은 아니다. 각종 이모티콘의 알록달록한 색

깔이나 모양은 보기만 해도 기분 좋아지고 사랑스럽다. 그러나 한창 바쁜 사람에게 '안녕하세요?' '뭐하세요?' '웃음(이모티콘)'을 따로따로 보내면서 '카톡'거리는 소리가 연달아 울리게 하는 것은 소음공해에 더해 시간낭비라는 느낌마저 든다.

'모월 모일 모시에 같이 봉사활동 할 수 있나요?' 같은 질문은 한 문장으로, 한번에 보낼 수 있다. 그런데 '모월 모일에 뭐해요?' '바빠요?' '그럼 그날 모시에 시간 돼요?' '왜냐고요?' '같이 봉사활동 할 수 있어요?' 같은 식으로 나누어 보낼 이유가 있을까. 또한 아예 전화 한 통이면 해결될 일을 굳이 '카톡' 소리 10개와 교환해야 하는지, 취향의 문제이기에 앞서 시간과 소음에 대한 배려의 면에서 생각해보았으면 좋겠다.

넷째, 들키지 않는 것이 좋은 모습은 최대한 들키지 말자.

한때는 나도 '털털한 게 좋지' 하는 생각을 했었다. 하품하는 모습, 재채기하는 모습 등을 딱히 숨기지 않았다. 인간인데 다 이해해주겠지, 하는 생각이었다. 언제 어디서나 조신하려고 애쓰는 사람을 오히려 가식이라고 여기기도 했다.

그런데 어느 날 동네 옷 수선집에 들어가려던 순간 주인아주머니가 껌을 씹고 있는 모습을 보게 되었다. 나는 내가 결코 할 수 없는 일, 옷을 수선하는 '대단한' 일을 하는 그분을 평소 '프로' 혹은 '장인'으로 인정하고 있었다. 그런데 껌을 짝짝 씹고 있는 모습을 보는 순간, 왠지 모르게 실망스러웠다. 내 입장에서는 결코 보지 않는 것이 나을 모습이었다.

줌파 라히리의 『일시적인 문제』라는 단편소설이 있다. 지역적인 문제로 5일간 하루 한 시간씩 단전이 되자 그 어둠의 시간을 이용해 부부는 서로 '전에 이야기한 적이 없는 것들'을 말하기로 한다. 초반에 몇 가지는 괜찮았다. 그러나 솔직히 털어놓는 것에 맛을 들인 남편은 결국 '안 하는 편이 훨씬 좋은' 이야기까지 하고 만다.

사람은 사람을 있는 그대로 볼 수는 없다. 약간의 환상이라는 덧칠을 하게 된다. 그런데 스스로 남김없이 포장을 벗어던지는 것은 위험한 일이다. 어차피 한심한 속물이지만 그래도 감추려고 노력하는 모습이 있어야 그나마 존중받을 수 있지 않을까.

관계의 원칙을 만들 것. 하지만 상대에게 바라는 원칙들은 나부터 꼭 지킬 것.

미래를 누가 알 수 있을까?

현재에 충실한 것이 최선이다

한때는 역술원에 열심히 다녔다. 대학교 1학년 때 친구와 장난삼아 찾아갔던 이대 앞의 지산철학원(이름까지 기억하다니!)이 너무 용했던 탓이다. 그 아저씨는 내 친구와 나의 운명에 대해 큰 줄기를 콕 짚어냈다. 내게는 내가 서른이 되기 전 아빠가 돌아가실 것이고, 장차 글을 쓰게 될 것이라고 했다. 글에 대해 이야기할 때는 구체적인 예까지 들어주었다.

"『난지도』를 쓴 정연희 같은 작가 있잖아요."

그 아저씨 덕분에 그때까지 잘 모르고 있던 그분의 성함과 작품을 가슴에 간직하게 되었다. 내 친구에게는 디자인을 할 것이고 외국에 가서 살 것이라고 했다. 나와 전공이 같았던 친구가 왜 디자인을 하게 된다는 것인지 그때는 이해가 안 갔는데 결국 그 친구는 디자인을 배웠고 캐나다로 이민을 갔다.

그 후 나는 무슨 일만 있으면 점을 치러 다녔다. 점집 안으로 들어서기 전까지는 누가 볼까 부끄럽고 창피했지만 내 미래를 알고 싶다는 욕망이 그 수치심을 눌렀다. 그런데 거짓말처럼, 그 지산철 학원 아저씨 외에는 내 미래를 맞추는 역술인이 거의 없었다. 과거는 얼추 맞추는 듯했지만 미래는 대부분 틀렸다.

그리고 어느 순간 나는 그런 곳에 발을 뚝 끊었다. 미래에 대한 불안이나 걱정은 여전히 존재했는데 왜 나는 그들의 이야기를 더 이상 듣지 않게 되었을까.

미국에서 잠시 나온 후배의 부탁으로 남산 모처의 점집에 같이 가게 되었을 때였다. 매니저 아주머니는 우리를 거실 같은 대기 장소에 앉혀놓고 기다리라고 했다. 10여 분이 지나자 방으로 올라가게 했다. 방문을 열었는데 역술인 아주머니는 여전히 누군가와 통화를 하고 있었다. 돈 얘기였다.

"없대? 어떻게 안 된대? 어쩌지?"

심란한 표정이 채 가시지 않은 상태에서 그녀는 우리를 맞이했다. 하지만 자기 문제도 해결하지 못하는 역술인의 운세 풀이가 귀에 들어올 리가 없었다. 차라리 내가 '무슨 걱정 있으세요?' 물어봐주고 싶었다. 당시 나는 오히려 아무 고민이 없었으니까.

물론 그들은 보통 사람들과 다른 면이 있을 것이다. 인생을 분석하는 방식을 공부했을 것이고 사람의 분위기를 읽어내는 능력도 개발했을 것이다.

지산철학원 아저씨를 생각하면 고작 스무 살짜리 여자아이 2명의 삶을 어떻게 단번에 통찰했는지 정말 궁금하다. 하지만 돌이켜 보면 그분이 읽어낸 것은 '바뀌기 힘든' 것들이었다. 바뀌기 힘든 유전자 기질, 성향이 우리 몸 곳곳에 정보로서 존재했을 것이다. 나 같은 몸뚱이를 보고 '운동선수를 하겠구나' 하는 통찰을 할 사람은 결코 없을 테니 말이다.

그분이 읽어낸 것은 내가 선택할 수 있거나 변덕을 부릴 수 있는 것들이 아니었다. 순간순간 내 마음의 변덕을 따라가서 맞출 수 있었다면 그것이야말로 대단한 능력이 아니었을까. 그리고 어차피 바꿀 수 없는 것이라면 굳이 미리 알 필요가 있을까. 미래의 일은 미래의 시간에 맡겨두고 지금의 나로서 현재에 최선을 다해야 할 것이다.

젊은 커플들은 결혼을 앞두고 역술인들을 찾아가 궁합을 보기도 한다. '최고의 궁합이다' '아주 잘 만났다' 같은 소리를 기대하면서. 하지만 굳이 사주풀이나 궁합을 보지 않더라도 둘은 서로의 한계를 이미 알지 않는가. 서로가 최악의 모습, 불쌍한 모습, 모자란 구석을 보듬어줄 수 있다면 결혼생활은 잘 유지될 것이다. 하지만 연애 중 '최선'을 보이기 위해 위태롭게 애쓰던 모습만 받아들이려고 한다면 그런 결혼은 아무리 좋은 궁합이라는 점괘를 들었어도 오래가지 못할 것이다. 궁합이 보고 싶어진다면, 그 전에 '나는 정말 이 사람을 사랑하는가?' '검은 머리가 파뿌리가 되도록 사랑할 수 있는가'를 먼저 생각해야 한다. 그것이 불확실한 미래가 아닌, 확실한 현재에 내가 할 수 있는 올바른 선택이다.

현재를 다부지게 받아들일 것. 그렇게 하면 불확실한 미래도 두렵지 않다.

가면 하나쯤은 준비해둘 것

속마음은 조금 더 깊이 넣어둬!

이 책을 쓰면서 간혹 '이건 내가 나에게 주는 충고구나' 하는 생각이 들 때가 있다. 이번 장의 〈가면 하나쯤은 준비해둘 것〉도 그렇다. 나는 온갖 감정과 내면의 변화를 고스란히 얼굴에 드러내고 살아왔지만 이제는 그것에 대해 후회하고 있다.

"왜요? 솔직한 게 좋잖아요?"

이것이 내가 품고 있던 변명이기도 했다. 하지만 사회에서 사는 인간으로서 가면을 쓰지 않는 것은 자신에게 위태롭고 모두에게 무례한 일일 수 있다.

살다 보면 간혹 우리는 듣고 싶지 않은 말을 다른 사람들로부터 듣게 된다.

"어머 왜 이렇게 살이 쪘어요?"

살이 찐 건 사실이지만 그렇게 확인사살을 해야 할까.

"이거 왜 이래? 이렇게밖에 못해?"

밤새워 작업한 건데 노력을 먼저 인정해주면 안 되나.

"××씨는 착하니까 이해해주겠지?"

양보나 이해는 내가 알아서 하는 건데 왜 당신이 강요야?

이런 순간 표정은 금방 경직되기 쉽다. 더 나아가 발끈해서 얼굴이 달아오르거나 결국 몇 마디 좋지 않은 말들을 내뱉을 수도 있다. 미리 준비해놓은 가면이 없다면 이어지는 몇 마디 말에 결국 폭발하게 된다. 하지만 다시 생각해보라. 저 말들이 그리 대단한 말인지. 내 인생에 그리 큰 영향을 끼치는 것인지. 내가 그렇게 연연해야 할 것들인지. 그렇지는 않을 것이다.

이런 상황에는 '밝고 건강한' 가면을 쓱 꺼내야 한다. 각자 좋아하는 연예인의 표정을 떠올려보라. 항상 자신 있게 웃는 김혜수나 정유미에 빙의해서 대응하는 것도 좋다. 사실 나는 개그우먼 김신영 식의 대응법을 더 선호한다.

"아이고, 선생님! 무슨 말씀을 그렇게 하세요?"

일단 밉지 않게 거부의 반응을 보인다. 그러고 나서 이 상황이 더 이어지는 것을 얼른 차단한다.

"자, 여기까지만 말씀드리고……."

사실 이런 멘트를 굳이 날릴 필요도 없다. 불편한 말을 들었을 때는 그냥 먼 산을 보며 씩 웃는 것으로 충분하다. 진정한 포커페이스는 무표정이 아니라 웃는 얼굴이라는 말도 있다. 그저 웃는다. 그저 웃는 걸로 족할 수 있다.

가면의 목적은 내 감정이 극단으로 치닫지 않게 하는 것이다. 그리고 내 감정을 제3자에게 쓸데없이 보이지 않기 위함이다. 나의 모든 감정을 모두에게 항상 다 보일 필요는 없다. 내가 이성을 잃고 화내는 모습을 본 누군가는 분명히 '아, 그 사람 성질이 보통이 아니야'라고 이야기할 것이다. 내 인생에서 천 분의 일도 안 되는, 한 순간의 모습을 상대방은 나의 전부로 기억해버리는 것이다. 나로서는 억울한 일이지만 상대는 자신이 본 것이 그것뿐이니 틀린 것도 아니다. 결국 나를 위해서 가면을 써야 하는 것이다.

얼마 전 영화 〈그린 북Green Book〉을 남편과 같이 집에서 보았다.

1960년대 미국, 아직도 흑인들의 인권이 백인과 동등하지 못했던 시절, 백인 운전사 토니와 흑인 피아니스트 돈 셜리 박사가 남부 지방을 함께 순회하면서 일어난 일들을 그린 영화였다. 영화에서 돈 셜리 박사는 천재 피아니스트로 이곳저곳에서 초빙을 받지만 흑인이라는 이유로 무시를 당한다. 그 옆에서 분노를 참지 못하고 폭력을 저지른 토니에게 돈 셜리 박사는 자신이 어떻게 그날까지 살아왔는지, 어이없던 나날들을 견디어 왔는지 이야기한다.

"The dignity always prevail."

품위가 언제나 이긴다는 것이다. 아무리 부당한 대우라도 묵묵히 견디어낸 돈 셜리 박사의 품위는 결국 전체 흑인에 대한 이미지까지 바꿔낸다. 영화가 끝난 후 남편과 나는 동시에 'dignity'라는 단어를 읊조렸다. 가면이 품위를 지켜낼 수만 있다면 그것은 옳은 선택일 것이다.

가끔은 도박판이 되는 인생, 포커페이스로 자신을 지켜라.

작은 모임에서 배우는 것들

보다 가치 있는 대화가 주는 행복

나는 모임을 많이 해본 적이 없었다. 웬지 바쁜 내 시간을 별로 배울 것 없는 모임에 빼앗기는 것 같아 억울했다. 모임이라는 것의 의미를 잘 모르기도 했고, 사소한 규칙이라도 있으면 '왜 이런 것까지 지켜야 하지?' 하고 불평했다.

사실 이런 것은 표면상의 이유고 깊은 속내에서는 두려움이 더 컸다. '지금은 평온하지만 곧 누군가와 싸우게 될지도 몰라' 하는 공포를 느꼈다. 인간과 인간이 모였는데 어떻게 평화롭기만 하겠는가 하는 불신이 있었다. 누군가 내 의견에 반기만 들어도 '날 싫어하는구나!' 하며 속으로 발끈했다. 소극적인 저항으로 안 나가고, 빠지는 것이 일상이었다.

그랬던 내가 얼마 전부터 여러 모임을 꾸려가고 있다. 하나는 단둘의 모임인 A, 또 하나는 10명 내외의 모임인 B다. 성경을 공부하는 모임 C도 있다. 모두 책과 연관된 모임이다. 확실한 목표와 주제가 있기 때문일까. 뜻하지 않게 꾸준히 이어지고 있는 것에 스스로가 놀라고 있다. 그러고 보면 모임이 만들어지기는 참 쉽다. 문제는 한 번, 두 번, 세 번……그 만남이 이어지는가 하는 것이다. 그 지속이 참 어렵다.

모임 A의 시작은 화려했다. 5명 정도가 모였다. 모두 열심히 해보자고 했다. 그러나 두 번째부터 바로 삐걱거려 3명으로 줄었다. 고작 3명이니 잘 이어져가겠거니 생각했다. 그런데 일정해야 할 약속시간이 어느 한 명 때문에 계속 바뀌게 되었다. 이런 일은 심각한 결례라는 판단이 들어 나는 포기하기로 했다

"내가 빠질게요."

결국 시간을 계속 바꾸던 당사자가 빠졌고 나를 포함한 2명으로 모임이 이어지게 되었다. 단둘이지만 그만큼 모임에 대한 책임감이 강해져 이제는 함부로 빠지는 것은 상상도 할 수가 없다.

모임 B는 도서관을 통해 전혀 모르던 사람들이 모인 것이다. 나이나 직업도 모임을 시작한 지 한참 지나서야 알게 될 정도였다. 그러나 한 권의 책을 읽으며 어떤 점에는 강하게 공감하고 어떤 점에는 전혀 다르게 해석하는 것을 보면서 '함께 읽는 즐거움'을 느끼게 되었다. 사실 이 모임에서 역시 나는 살짝 갈등 상황을 예상하고 있었다.

'분명히 누군가는 혼자 튀기 위해 노력하겠지?'

그런데 목소리를 높이는 사람이 한 명이 아니었다.

"저는 이 작가의 의도가 이런 것이라고 생각해요."

"아니죠. 제가 봤을 때엔 전혀 다른데요."

모두가 당당히 제 목소리를 냈다. 토론이 끝난 후에는 기적같이 평온해졌다. 제 목소리를 내는 것이 서로에게 상처나 갈등이 될 것이라고 생각한 것은 나의 기우였다. 사실 친목을 위해 모인 것이 아닌 이상 각자 자기 목소리를 내는 것이 당연한 것이기도 했다. 격렬한 의견 대립이 있을수록 토론에 대한 집중도와 재미가 높아졌다. 한 시간 반 동안 나는 모든 사람의 의견을 골고루 취합, 정리했는데 그러고 나면 참 의미 있는 시간을 보냈다는 충족감이 느껴진다. 그냥 수다를 떤 것과는 비교가 안 되는 충만감이라 절로 감사의 마음도 일어난다.

굳은 날씨나 추운 기온에도 매번 꼬박꼬박 모임에 나와 주는 회원이 나는 정말 고맙다. 그리고 혹시라도 '서운함' 때문에 혹은 '마음을 다쳐서' 나오지 않는 사람은 없는지 돌아보게 된다.

소설가 김형경 씨는 이런 모임에서 사람들은 '가족관계'에서의 자기 모습을 재현한다고 했다. 나는 가족관계에서 막내라는 이유로 무엇이든 꼴찌의 대접을 받았던 기억이 있다. 그래서일까. 누군가가 어리다는 이유로, 신참이라는 이유로 홀대당하거나 잊혀히지 않도록 신경을 쓰게 된다. 당신도 당장 어떤 모임이든 주제를 정해서 시작해보라. 쉽든, 어렵든 그 과정에서 반드시 배우는 게 있을 것이다.

모임은 사람들을 갈고 닦는다. 어려움이 있어도 모두가 조금은 발전한다.

인연의 신비가
우리를 구해줄 거야

인생을 이끌어가는 놀라운 힘

내 인생에서 두 번째 직장에 들어갔을 때의 일이다.

안국역에 있는 어느 빌딩 2층의 사무실로 면접을 보러 오라는 연락을 받았다. 잔뜩 긴장한 채 입구부터 양탄자가 깔려 있어 내 발걸음 소리조차 들리지 않는 적막한 사무실로 들어갔다. 그때 베티 붑Betty Boop을 연상시키는, 요정처럼 깜찍한 여성이 내 앞에 나타났다.

"면접 보러 오셨죠? 성함이?"

나는 떨리는 목소리로 내 이름을 이야기했다. 그러자 그녀는 문득 "아, 그럼 혹시 ×××선배 알아요?" 하는 것이었다. 하지만 나는 동기들 외에는 그다지 인맥이 넓지 못했기에 고개를 절레절레 흔들 수밖에 없었다. 그녀는 살짝 실망하는 듯했으나 어쨌든 안쪽에 앉아 있던 이사님 앞으로 안내해주었다. 이사님의 면접을 보고 집으로 돌아온 지 며칠 뒤 나는 합격 통보를 받았다.

그 요정 같던 여성은 결국 나의 사수가 되었고 25년이 넘도록 친분을 유지하고 있다. 사수 언니가 언급했던, 정작 나는 얼굴도 모르던 그 선배는 훗날 함께 모임을 하게 되었으며 내 책에 추천사를 써주기도 했다.

나중에 안 사실이지만 그 회사에서의 합격 경쟁률이 300대 1에 가까웠다고 한다. 내가 들어가서 처음 한 일이 입사 지원자들의 이력서와 자기소개서를 문서 세단기로 파쇄하는 일이었는데 그 일만으로 며칠이 걸렸던 것을 보면 사실이었을 것이다.

그런데 만약 그 이사님이 내가 아닌 다른 사람을 선택했더라면 어떻게 되었을까. 300명 중 하나를 고르는 일인데 얼마나 쉬운 가능성인가. 만약 그랬더라면 내가 백수탈출을 못하고 끝나는 정도의 문제가 아니었다.

사수 언니와 나는 함께 일하지 못했을 것이고, 나는 훗날 언니가 잠깐 살았던 뉴질랜드에도 갈 일이 없었을 것이고, 내 삶에서, 또 언니의 삶에서 일어난 갖은 사건, 사고에 대해 서로 위로를 주고받을 일도 없었을 것이다. 그 이후로는 언니처럼 내게 자연스럽게, 아무렇지 않게, 선배라는 권위의식 없이 다가와준 사람이 거의 없었던 것을 보면 내 인생에서 언니와의 인연은 참으로 대단하고 또 고마운 것이었다.

물론 반대의 인연, 굳이 왜 만났을까 싶은 인연도 있었다. 그것도 내 쪽에서 미련을 가지며 매달리거나 집착을 했던, 깊이 베이고서야 정신을 차릴 수 있었던 악연들 말이다. 그것은 남자이기도 했고, 여자이기도 했고, 일이기도 했으며 직장이기도 했다. 그러나 좋은 인연만으로 인생이 채워진다는 것은 어차피 불가능한 일이 아닐까.

그런 악연이 혼재했기에 나는 인생의 어두움과 배신을 배울 수 있었고, 그래서 내게 소중한 인연들을 알아챌 수도 있었다. 그런 악연은 최소한 친구나 지인을 만났을 때 하소연의 소재라도 될 수 있다.

"내 곁에는 항상 좋은 사람들만 있어!"

이런 말을 하는 사람들은 좀 이상해 보이지 않는가. 그러니 너무 불쾌해하거나 두고두고 원망할 필요는 없는 것 같다.

내가 집중하는 것은, 인연 그리고 나아가서 그 인연들이 만들어
내는 신비다.

> 하느님을 사랑하는 이들, 그분의 계획에 따라 부르심을 받은 이
> 들에게는 모든 것이 함께 작용하여 선을 이룬다는 것을 우리는
> 압니다.
>
> 로마서 8장 28절

이 구절을 미사 강론 중에 들었을 때 나는 잠이 확 깼다. 결국
미사가 끝난 뒤 신부님께 문자로 그 부분이 성경 어느 구절인지
정중히 여쭈어 알아냈다. 선한 사람들, 선한 의지가 모이면 아름다
운 선의 결과가 나온다니, 얼마나 멋진가. 일 더하기 일은 단순히
이로 끝나는 것이 아닌 것이다.

어쩌다 의기투합해서 만난 친구들이 기분 내키는 대로 욕심 없
이 여행을 떠나면 신기하게 일이 술술 풀린다. 또 그저 상대를 도
와주고 싶어서 도와주었을 뿐인데 일은 성공하고 자신에게도 기
대하지 않았던 보상이 돌아오기도 한다. 순수한 마음의 힘, 그것이

만들어내는 인연의 신비는 놀랍다.

　경제가 침체되고 취업이 어려워진 탓인지 매사에 계산적으로 대하는 사람들이 늘어났다. 하지만 이런 상황일수록 우리는 인연의 신비를 믿어야 한다. 그저 믿고 한 발을 내밀어야 한다.

돌이켜보면 모두가 인연.
만날 사람은 반드시 만나게 되고 할 일은 반드시 하게 된다

화해할 때는
어린아이처럼

텅빈 마음으로 다가갈 수 있다면

누군가와 싸우고 나면 그것으로 관계를 단절하는 사람들이 종종 있다. 참고 참았다가 터뜨린 경우라면 더욱이 다시 안 볼 생각을 한다. 나도 어릴 때는 그랬다. 부르르 떨며 '그래? 우린 절교야!'를 마음속으로 외치곤 했다. 그런데 점점 이런 마음이 든다.

'굳이 그만한 일에 절교까지 해야 할까?'

이런 생각을 하는 스스로에게 놀라 '뭐지? 내가 왜 이리 능글맞아졌지?' 의아해하기도 했지만 요즘 생각은 그렇다. 다시는 보고 싶지 않을 만큼 싫은 사람이라 해도 '그래도 보게 되면 봐야지' 하고 넘기게 된다. 인생은 유한하고 언젠가 모두가 떠난다는 것을 생각하니 그렇다.

물론 서로의 적대감이 드러난 순간, 증오의 불꽃이 튀어 다시 보는 것이 힘들어지는 관계도 분명히 있다. 그동안 내가 인정했던 장점들이 모두 가식이었나 하는 생각으로 혼란스러워지기도 한다. 그런데 속마음을 아예 보이지 않은 채 멀어졌던 그 많은 관계들과 비교해보면 이렇게 속내를 표현하고 부딪쳐버린 관계는 차라리 인간적이다. 그리고 보다 '사적이라는' 느낌이 든다. '사적이라는' 것은 '개인적인' 것, 즉 '나의 것'. '내가 어떻게든 해낼 수 있는' 나의 일이기도 하다. 그 다툼으로 인해 서로에 대해 남다른 관심이 맺혀 있는 상태이기도 하다. 따라서 내가 어떤 시선을 갖느냐에 따라 관계가 180도 달라질 수도 있는 것이다.

단, 절대로 상대에게 화해의 권한이 있는 것 마냥 상대가 먼저 사과해올 것을 기대하지는 말자. 그래주면 너무 다행이겠지만 복권 당첨을 바라는 것과 마찬가지다. 그것을 기다리는 것은 가장 무의미한 기대다. 그런 생각을 하는 것 자체가 내 시간과 에너지의 낭비인 것이다. 그 대신 내 마음의 얼음이 녹기를 기다리는 것이 먼저

다. 내가 상대를 싸우기 이전의 상태 그대로 바라볼 수 있게 될 때를 기다리는 것이다. 무조건 내가 키를 잡아야 한다. 내가 결심이 서지 않으면 화해에 대해 아예 생각도 하지 말 것이며, 화해를 하고 싶다면 내 마음에 감정이 완벽히 사라진 때를 기다려야 한다.

'아직 화가 풀린 건 아니지만 그래도 화해하는 게 좋으니까……'

이 정도의 애매한 마음으로 접근해서는 오히려 환멸이 생긴다. 두 사람 중 하나가 100% 관계의 책임을 질 각오를 해야 하는데 상대방의 마음에 대해서는 내가 알 수 없다. 하지만 내가 알 수 있는 내 마음이 어린아이처럼 100% 맑고 깨끗한 상태라면 그 화해에는 희망이 있는 것이다. 그 100% 맑고 깨끗한 자세로 다가가면 돌부처의 마음도 돌려놓을 수 있을 것이다. 뿌리치고 나가려는 상대의 손을 잡을 힘, 잔뜩 굳어 있는 표정을 들여다보면서 그래도 미소 지어줄 수 있는 힘이 있다면 말이다.

이런 글을 쓰고 있는 내게도 몇 년 전 싸운 뒤 화해하지 못한 친구와 지인이 있다. 대단한 오해라거나 큰 사건이면 이렇게 오래 끌지는 못했을 것이다. 너무 사소한 일이라 '겨우 이런 일에 이렇게 금이 가다니!' 하며 서로 놀란 것 같다. 둘 다 아직 만날 기회도 없었다. 그리고 아직 내 마음속에도 화해에 대한 확고한 의지가 없다. 그것이 사실이다. 100%가 아닌 것이다. 이런 상태에서 우연히 만난다면 대충 인사 정도야 하겠지만 다투기 전의 상태로까지 갈 자신은 없다. 하지만 100% 맑고 투명해진다면 내가 먼저 연락해서 만나자고 할 것이다. 그리고 상황에 대해, 내 감정에 대해 설명할 것이다. 나는 그럴 자신이 있다. 그것이 내가 굽히고 들어가는 일, 지는 일이라고는 생각하지 않는다.

사실 그것은 그 시간, 그 순간, 그 상황을 통째로 끌어안는 일이기도 하다. 통째로 끌어안아 내가 원하는 방향으로 끌고 나가는 일이다. 물론 힘든 일이지만 그러니까 통 크게 해볼 만한 일인 것이다.

언제나 먼저 화해를 청하는 사람이 강하다. 그 사람은 손해를 보는 것이 아니라 주도권을 쥐는 것이다. 어린아이처럼 보일지라도 속은 훨씬 더 어른인 것이다. 머지않은 시간에 내게도 그런 기회가 오길 진심으로 바란다. 그때까지 친구여, 지인이여, 부디 건강하길.

 모든 것을 내어 줄 각오를 하는 것이 진짜 화해다. 그러니 더욱 신중할 것.

연애를 한다는 건?

추락한 천사들의 행복

사랑을 하는 것과 연애를 하는 것, 이 둘은 어떻게 다를까.

사랑은 혼자서도 할 수 있다. 감정의 변동 없이 평생 이어지기도 한다. 때로는 거룩하게도 할 수 있다. 짝사랑, 가족에 대한 사랑, 전 인류를 위한 사랑, 종류와 범위도 다양하다.

하지만 연애는 훨씬 현실에 맞닿아 있다. 상대가 있어야 하고, 서로 만나야 하고, 스킨십이 오가야 하고, 함께 돈도 써야 하고, 구구절절한 대화를 나누어야 한다. 한마디로 지지고 볶는 관계를 형성해야 하는 것이다. 이렇게 연애를 하는 과정에서는 많은 고통도

수반된다. 나의 못난 모습, 상대의 비열한 모습도 여과 없이 지켜보아야 한다. 고고한 사랑을 추구하는 사람에게 연애는 천상에서 땅 위로 추락한 느낌을 줄 수도 있다.

그래서였다. 한때 나는 내가 연애하지 않는 기간이 오히려 평온하고 안정적이라는 사실을 알게 되었다. 그래서 오직 '평온함'을 유지하기 위해 '비연애'를 선택했다. 누군가 남자를 소개해주겠다고 하면 화를 냈을 정도였다. 그 시간이 꽤 오래 지속되었고 나는 바라던 대로 '평온함'에 푹 젖을 수 있었다.

그런데, 그런데…… 어느 순간 '이게 뭐지?' 하는 생각이 들었다. 일을 하기도 하고, 돈을 벌기도 하고, 해외여행을 가기도 하고 나름 잘 살고 있었음에도 불구하고 불쑥불쑥 '이게 뭐지?' '내가 왜 사는 거지?' 하는 의문이 올라온 것이다.

그러다가 결국 나의 일상에 관심을 가져주고, 나 역시 그의 일상에 관심을 가져줄 수 있는 누군가가 필요하다는 것을 깨달았다. 나의 그 욕망은 아주 구체적이었다.

'누군가를 잘 돌보고 싶어.'

'맛있는 것을 요리해서 먹이고 싶어.'

'따뜻한 손을 잡고 걷고 싶어.'

'내가 오늘 겪은 일에 대해 얘기하고 싶어.'

'그가 겪은 일에 대해 들어주고 또 위로해주고 싶어.'

막연한 결핍감이었다면 무엇을 해야 할지 막막했을 텐데, 다행히 내가 원하는 것들이 명확하게 떠올랐다. 나는 구체적인 꿈을 꾸었다. 나이와 성격, 그 밖의 모든 것들. 그리고 마침내 한 남자를 만났다.

처음에는 좋았다. 그러나 모든 연인들이 그렇듯 우리 사이에는 달콤함 못지않게 부담감이 생겨났다. 늦은 밤거리에서 서로 오해가 생겨 싸운 뒤 혼자 집으로 향했을 때 나는 '또?' 하는 생각에 지겹고 슬펐다. 지금까지 살면서 애인과 싸우고 토라져 집으로 돌아갔던 일이 수백 번은 된 것 같다.

'내 인생에 평온하고 안정적인 연애란 없는 것인가.'

절망스러웠다. 언제나 비슷한 이유와 비슷한 형태로 싸우는 일이 반복되는 것 같아 스스로에게도 지쳐버렸다.

그런데 아무도 없는 빈 집에 돌아와 불을 켠 순간 '그래도 이건 싫어!' 하는 느낌이 들었다. 외로움의 끝에 도달해버린 것이다. 사람의 흔적이 없는 공간은 이제 내게 아무런 의미가 없었다. 나는 내 감정을 분석했고 결론을 내렸다.

'고고하고 깨끗한 건 다 필요 없고, 그냥 따뜻함이 필요해!'

그 전에도 외롭고 외로운 시간을 보낸 적이 많았지만 그날의 외로움과는 전혀 달랐다. 나이의 문제, 상황의 문제, 그리고 여러 가지 복합적인 것들이 함께 작용했던 것 같다. 더는 외롭게 살지 않겠다는 결심을 나는 그 날 다시 했다.

밤을 꼬박 새우고 이른 아침 나는 그 남자에게 메시지를 보내기 위해 휴대전화를 들었다. 그런데 상대의 메시지가 먼저 들어왔다. 결국 우리는 얼마 가지 않아 결혼했다.

연애는 감정의 문제라고 생각했었다. 그런데 연애 역시 매순간의 이성적인 결심으로 이어지는 일이었다. 그리고 이왕이면 긍정적인 방향으로의 결심이 중요하다.

> 행복해지려고 노력하라. 그러면 불행보다 행복을 한층 더 좋아하게 될 것이다.
>
> 『행복의 완성』, 조지 베일런트

연애가 당신의 행복과 무관하다면 안 해도 된다. 그렇지 않다면 당장 결심해라. 누구를 만날 것인지, 그리고 어떻게 행복을 설계할 것인지. 그것은 구체적일수록 유효할 것이다.

좋기만 한 것은 없다. 어느 쪽이든 선택일 뿐.

다른 사람에게서
내가 보인다

결국엔 모두가 거대한 드라마 속 캐릭터

사람들은 정말 '사람이 살아가는 이야기'를 좋아하는 것 같다. TV 드라마를 볼 시간이 없다는 사람도 영화는 열심히 본다. 소설에 관심이 없는 사람은 또 TV 드라마에 푹 빠져 있다. TV 드라마에 영화, 소설까지 다 섭렵하는, 나 같은 사람 또한 적지 않다.

어쩌면 신도 '드라마 마니아'일지 모른다. 그는 저 위에서 이 많은 인간들이 살아가는 모습을 아주 흥미롭게 생중계로 지켜보고 있을 것 같다. 그렇지 않다면 이 많은 캐릭터들을 왜 만들었겠는가.

인간은 어릴 때부터 본능적으로 모방을 하며, 인간이 다른 동물들과 다른 점도 인간이 가장 모방을 잘하며 처음에는 모방을 통해 지식을 습득한다는 것이다. 또한 모든 인간은 날 때부터 모방된 것에서 즐거움을 느낀다.

『수사학/시학』, 천병희

우리가 인간의 모습을 모방한 드라마, 소설, 영화를 좋아하는 이유다. 우리는 그 많은 드라마, 소설, 영화에서 또 다른 나를 보고자 한다. 나와 비슷하지만 또 나와 많이 다른 나. 나와 다르지만 또 어느 부분에서는 나와 흡사한 구석이 있는 나.

어린 시절 나도 만화 〈캔디〉를 보며 힘을 얻었다. 그 낡아서 너덜너덜해진 만화책을 아직도 간직하고 있는 것은 '괴로워도 슬퍼도 울지 않고' 어쨌거나 '긍정의 힘'을 놓지 않았던 주인공에 나를 투영해서 그나마 힘든 시절을 이겨냈기 때문이다. 캔디의 고통은 나의 고통이었고 그녀가 웃을 때 나도 함께 웃었다. 캔디가 실존 인물이라면 나는 반드시 감사의 커피 한 잔을 사야 한다.

『나의 라임오렌지 나무』의 주인공 제제도 그렇고 『어린 왕자』의 어린 왕자도 그렇다. 그들 때문에 나는 조금 더 넓은 이 세계를 의

식할 수 있었다. 그들이 없었다면, 그저 내 주변의 가족이나 친구들만 존재했다면 내 삶은 얼마나 무미건조했을까.

놀라운 것은 성인이 된 후에도 '사람 사는 이야기'는 계속 영향력을 미친다는 것이다. 사실 한동안 회사 일로 바빠서 소설과는 담을 쌓고 지냈던 기간이 있었다. 그때 우연히 소설가 함정임 씨가 허먼 멜빌의 『필경사 바틀비』에 대해 쓴 글을 읽게 되었다. 〈바틀비, 인류의 또 다른 얼굴〉이라는 제목이 달려 있었고 나는 고작 소설 캐릭터에 무슨 '인류'라는 거창한 단어가 붙었는지 궁금해졌다. 나는 그 책을 찾아 읽고 깜짝 놀랐다.

현실에는 물론 바틀비 같은 사람은 없다. 소설 속에나 있을 사람이다. 그럼에도 가슴에 울림을 주었다. 낯설지만 어딘가에 있을지도 모르는, 외롭고도 아름다운 인간의 상을 내게 보여준 것만으로도 그 작품은 훌륭했다. 그 책 이후 나는 다시 소설에 관심을 갖기 시작했다. 아무리 바쁘고 피곤해도 사람은 사람에게 본능적으로 끌리는 존재였다.

"전 사람 만나는 것은 싫고, 집에서 소설책만 읽어요."

이런 말을 하는 사람에 대해서는 크게 걱정할 필요가 없다. 그는 여전히 사람에 대해, 인류에 대해 관심과 희망을 가지고 있는 것이다. 사람이 등장하지 않는 소설이 어디 있겠는가.

요즘도 나는 하루에 책과 영화, 드라마 모두를 접한다. 숨 쉬듯 그 많은 사람들, 그 많은 캐릭터들을 만난다. 언젠가는 '사람이 지겹다'는 오만한 소리도 했었지만 지금은 그렇지 않다. 나와 다른 사람에게서도 비슷한 점이 발견되고, 나와 비슷한 사람에게서 또 나와 다른 점이 발견된다. 그들의 디테일을 보며, 어제와 다른 오늘의 미묘한 변화를 보며 인간이라는 존재가 얼마나 기적 같은지 깨달았기 때문인 것 같다.

그들을 통해 언뜻언뜻 발견되는 내 모습이 썩 재미있다. 다른 것 같으면서도 우리는 또 같다. 같은 인간이라는 이유만으로, 같은 지구 위에 산다는 것만으로. 절대로 혼자 잘난 척하지 말 것! 나는 희귀하기도 하고 아주 흔하기도 한 존재다. 뛰어날 때도 있지만 가끔 한심하기도 한 그런 존재다. 당신 또한 그러하다.

 모든 인간의 다름과 같음 속에서 부유하는 것, 그것이 삶이다.

언제나 밝고 따뜻한
태양처럼

　　　　　　　　　　　　　　남편을 직장에 데려다주고 돌
아올 때면 늘 오전 11시였다. 그때 차 안에서 혼자 듣던 라디오가
있었다.

"어서 오세요, 여러분!"

〈이루마의 골든 디스크〉였다. 그는 무려 6년째 같은 시간대에서
팝송을 틀어주고 있었다. 그의 목소리는 밝았고 이야기는 따뜻했
다. 음악도 그의 성향처럼 경쾌했다. 나는 그의 방송을 들으며 귀
가한 뒤 다시 힘을 내어 노트와 필통을 들고 동네 카페로 나갔다.
그리고 이 책을 썼다.

밝고 따뜻한 것은 언제나 태양을 연상시킨다. 그런 만큼 사람은 태양을 닮은 것에 호감을 갖는다. 내가 그전까지 듣던 음악 방송을 마다하고 〈이루마의 골든 디스크〉에 귀를 기울였던 것은 그런 밝음과 따뜻함에 끌렸기 때문이다.

사람이 따뜻할 수 없으면 밝기라도 했으면 좋겠고, 밝을 수 없다면 따뜻하기만이라도 했으면 한다. 물론 항상 그럴 수는 없다. 여러 현실적인 문제에 부딪치면 푹 가라앉기도 하고 우울해질 때도 있다. 그럼에도 불구하고 우리가 가야 할 방향은 정해야 하지 않을까.

나 역시 충분히 밝지도, 충분히 따뜻하지도 못하지만 어디로 가야 할지 방향은 찾은 것 같다. 적어도 다른 사람과 함께 있을 때면 밝은 모습을 보이거나, 따뜻한 태도를 보여야 한다고 생각한다. 그렇게 주변과 관계를 잇고 나면 다시 내일을 살아갈 힘이 솟아난다.

오랜만에 책을 쓰는 일은 쉽지 않았다. 그렇지만 나를 돌아보고 주변을 살펴볼 수 있어 행복했다. 먼저 제안을 해주신 메이트북스, 머물러 글을 쓰는 동안 배려해주신 카페 주인장님, 게으른 신자임에도 늘 좋은 이야기를 들려주시던 우리 본당 신부님들, 언제나 든든하게 내 삶 곳곳에 자리하고 있는 친구들과 지인들, 사랑하는 가족 모두에게 감사를 전하고 싶다.

에필로그를 쓰는 오늘 이루마 씨가 마지막 방송을 했다. 그가 떠난다는 소식에 가슴이 뭉클했던 것을 보면 눈에 보이지 않는 관계도 의미가 있음을 알 수 있었다. 다시 돌아올 때까지 그의 앞길에도 평화가 가득하길 빈다.

조은강

불편한 말투에 센스 있게 대처하는 대화법 49가지
말 때문에 상처받지 마라
강지연 지음 | 값 15,000원

꼰대들의 공격적인 말에 대응해 내 감정을 모두 표현하고 살면 사회생활이 100% 꼬일 수밖에 없다. 스피치커뮤니케이션 전문가이자 심리학 박사인 저자는 지혜롭고 센스 있게 불편한 사람들과 공존할 것을 당부한다. 이 책을 통해 하고 싶은 말을 예의를 갖추어 정중하면서도 요령 있게 말하는 기술을 익힌다면 그 어떤 공격적인 말에도 상처받지 않고 나를 지킬 수 있을 것이다.

누구나 쉽게 따라 하는 글쓰기 비법
퇴근길 글쓰기 수업
배학수 지음 | 값 16,000원

글쓰기는 삶을 사색하기에 가장 좋은 방법이다. 개인의 불안을 잠재우고, 자기 정립을 하기 위한 가장 좋은 방법은 개인 에세이를 쓰는 것이다. 학생들은 과제를, 직장인들은 보고서를, 일반인들은 메신저를 사용하며 매일매일 글을 쓴다. 그렇기 때문에 글쓰기의 이론만 제대로 배운다면 글을 쓰는 것은 어렵지 않다. 이 책을 통해 에세이의 이론을 배우고 하나의 이론으로 모든 글이 술술 써지는 경험을 해보도록 하자.

삶의 거울이 되는 영화 속 여자들의 인생 이야기
영화, 여자를 말하다
이봄 지음 | 값 15,000원

23편의 영화 속 여자들의 인생을 거울삼아 깨달음을 주고 나답게 살아갈 용기를 주는 자기계발서다. 저자는 영화를 통해 주인공들이 겪는 다양한 상황을 간접적으로 경험함으로써 자기 일상의 한계를 넘어서는 시야를 가질 수 있게 된다고 말한다. 이 책에 등장하는 영화 속 그녀들에게 연대감을 느끼고 이 사회가 여자인 당신에게 사회 구성원으로서 기대하는 성역할의 무게를 실감하고 있다면, 이 책이 큰 위로가 될 것이다.

나는 때론 혼자이고 싶다
혼자 있는 시간이 가르쳐주는 것들
허균 지음 | 정영훈 엮음 | 박승원 옮김 | 값 14,000원

중국의 여러 책에서 은둔과 한적에 관한 내용을 모아 담은 허균의 『한정록』을 현대적 감각에 맞게 재편집한, 혼자 있는 시간의 즐거움을 알려주는 책이다. 이 책을 읽으며 '나 자신'을 돌아보고 성장할 수 있는 시간을 가져보자. 수많은 이야기를 통해 혼자 보내는 시간이 얼마나 뜻깊고 즐거운지 느낄 수 있을 것이다. 혼자 보내는 시간의 즐거움이란 단지 사람들과 외따로 살아가는 즐거움이 아니라 온전한 나로 깨어 있는 삶의 즐거움임을 이 책을 통해 깨닫기를 바란다.

스스로에게 당당하면 충분히 빛나는 인생이다
나는 눈치 보지 않고 당당하게 살기로 했다
강상구 지음 | 값 15,000원

우리는 사람이기에, 살아있기에 스스로가 세상의 중심이라고 생각하며 자신의 뜻을 펼쳐야 한다. 한 번뿐인 인생을 이 책을 통해 멋지고 행복하게 살아보자. 저자는 방법과 질문을 통해 스스로의 삶을 좀더 당당하게 살아갈 수 있도록 유도한다. 이 책을 읽으며 저자가 말한 방법을 적용하고 스스로에게 질문해보자. 그 순간 눈치 보지 않고 당당하게 맞서고 있는 자신을 발견하게 될 것이다.

성공과 운을 부르는 목소리 만들기 프로젝트
일과 관계가 술술 풀리는 목소리의 비밀
이서영 지음 | 값 15,000원

대화에서 목소리의 쓰임은 굉장히 중요하다. 설득력을 발휘해야 하는 상황에서 목소리를 효과적으로 활용한다면 원하는 방향으로 술술 풀리게 할 수 있다. 오랫동안 커뮤니케이션 전문가이자 목소리 코치로 활동해온 저자는 목소리도 홈트레이닝을 할 수 있도록 실제 강의를 듣는 것처럼 쉽게 써나려갔다. 자신감을 가지고 이 책으로 당신의 목소리를 고쳐보자. 단기간 내에 분명히 당신의 목소리는 매력적으로 달라질 것이다.

품격 있게 일하는 법
직장생활의 품격
장중호 지음 | 값 15,000원

직장생활을 하면서, 과연 내가 제대로 잘하고 있는가는 항상 고민이고 도전일 것이다. 이책은 치열한 마케팅과 영업의 현장에서 하루하루 싸우고 있는 현직 임원이 직장생활의 성공 법칙을 깊게 고민하고 '밥값'과 '품격'에 대해 쓴 책이다. 그래서 더욱 실감이 가고 마음에 와닿는다. 새내기 사원부터 부장, 임원들까지 "그렇지" 하면서 고개를 끄덕이고 공감하며 마음에 간직하는 좋은 책이 될 것이다.

주변에 사람이 모여드는 말 습관
이쁘게 말하는 당신이 좋다
임영주 지음 | 값 15,000원

말의 원래 모습을 잘 살려 따뜻한 삶을 살고 싶은, 이쁘게 잘 말하고 싶은 사람들을 위한 공감의 책이다. 특히 주변 사람들로부터 "말 좀 제발 이쁘게 하지?"라는 말을 한 번이라도 들어본 적이 있다면 이 책을 꼭 읽을 것을 권한다. 한 번뿐인 소중한 인생, 우리 모두 '성질'과 '성격'대로 마구 말하는 것이 아니라 '인격'으로 다듬어 말하는 사람, 즉 이쁘게 말하는 사람이 되어보자. 말은 우리의 모든 것이기 때문이다.

■ 독자 여러분의 소중한 원고를 기다립니다 ────────────

메이트북스는 독자 여러분의 소중한 원고를 기다리고 있습니다. 집필을 끝냈거나 집필중인 원고가 있으신 분은 khg0109@hanmail.net으로 원고의 간단한 기획의도와 개요, 연락처 등과 함께 보내주시면 최대한 빨리 검토한 후에 연락드리겠습니다. 머뭇거리지 마시고 언제라도 메이트북스의 문을 두드리시면 반갑게 맞이하겠습니다.

■ 메이트북스 SNS는 보물창고입니다 ────────────

메이트북스 홈페이지 www.matebooks.co.kr

책에 대한 칼럼 및 신간정보, 베스트셀러 및 스테디셀러 정보뿐만 아니라 저자의 인터뷰 및 책 소개 동영상을 보실 수 있습니다.

메이트북스 유튜브 bit.ly/2qXrcUb

활발하게 업로드되는 저자의 인터뷰, 책 소개 동영상을 통해 책에서는 접할 수 없었던 입체적인 정보들을 경험하실 수 있습니다.

메이트북스 블로그 blog.naver.com/1n1media

1분 전문가 칼럼, 화제의 책, 화제의 동영상 등 독자 여러분을 위해 다양한 콘텐츠를 매일 올리고 있습니다.

메이트북스 네이버 포스트 post.naver.com/1n1media

도서 내용을 재구성해 만든 블로그형, 카드뉴스형 포스트를 통해 유익하고 통찰력 있는 정보들을 경험하실 수 있습니다.

메이트북스 인스타그램 instagram.com/matebooks2

신간정보와 책 내용을 재구성한 카드뉴스, 동영상이 가득합니다. 각종 도서 이벤트들을 진행하니 많은 참여 바랍니다.

메이트북스 페이스북 facebook.com/matebooks

신간정보와 책 내용을 재구성한 카드뉴스, 동영상이 가득합니다. 팔로우를 하시면 편하게 글들을 받으실 수 있습니다.

STEP 1. 네이버 검색창 옆의 카메라 모양 아이콘을 누르세요. STEP 2. 스마트렌즈를 통해 각 QR코드를 스캔하시면 됩니다.
STEP 3. 팝업창을 누르시면 메이트북스의 SNS가 나옵니다.